westermann

EinFach Deutsch

Thomas Mann

Der Tod in Venedig

... verstehen

Erarbeitet von
Claudia Müller-Völkl
Michael Völkl

Herausgegeben von
Johannes Diekhans
Michael Völkl

Bildnachweis

|akg-images GmbH, Berlin: 38, 62, 68, 70 M., 83; Imagno/Nähr, Moriz 15; Mermet, Gilles 36; Schütze/Rodemann 67 M.; Schwartz, Simon 55. |alamy images, Abingdon/Oxfordshire: Fearn, Paul 65 o.; Historic Hotels Photo Archive 66; Ian Macpherson Europe 32. |Picture-Alliance GmbH, Frankfurt/M.: dpa/Düren, Ursula 17. |Warner Bros. Entertainment Inc., Burbank/California: Licensed By: Warner Bros. Entertainment Inc. All Rights Reserved. 39, 41, 48, 61.

westermann GRUPPE

Druck A[1] / Jahr 2018
Alle Drucke der Serie A sind im Unterricht parallel verwendbar.

Umschlagbild: Shutterstock.com/frlegros
Druck und Bindung: Westermann Druck GmbH, Braunschweig

ISBN 978-3-14-**022655**-4

Inhaltsverzeichnis

An die Leserin und den Leser

„Es war Reiselust, nichts weiter; aber wahnhaft als Anfall auftretend und ins Leidenschaftliche, ja bis zur Sinnestäuschung gesteigert.“ (S. 13[1])

Die Novelle „Der Tod in Venedig“ handelt vom Erfolgsschriftsteller Gustav Aschenbach, der sich während einer Urlaubsreise in Venedig in einen polnischen Knaben verliebt, aber in der morbiden, also vom Verfall gekennzeichneten Atmosphäre der Lagunenstadt einen tragischen Tod findet.

Die Erzählung über das Scheitern eines Künstlers an der eigenen Sinnlichkeit ist das bis heute wohl meistgelesene Werk Thomas Manns. Dieser hat nicht nur eine brillant erzählte und meisterhaft durchkomponierte Novelle geschaffen. Mit der Darstellung der erotischen Knabenliebe eines Schriftstellers in der Schaffenskrise hat er sowohl zeitgenössische Kontroversen über die Moralität seines Texts provoziert als auch weltberühmte Kunstschaffende, wie beispielsweise den Kinoregisseur Luchino Visconti, den Opernkomponisten Benjamin Britten oder auch den Choreografen Benjamin Neumeier, zur künstlerischen Stellungnahme herausgefordert.

Wir laden Sie ein, sich von der bleibenden literarischen Qualität des Werks zu überzeugen. Der vorliegende Band aus der Schülerreihe „EinFach Deutsch … verstehen“ soll Ihnen dabei eine Hilfe sein. Wir möchten Ihnen damit die Erschließung des Handlungsgefüges sowie der handelnden Figuren erleichtern und Ihnen Zugänge zur Interpretation der Novelle aufzeigen. Darüber hinaus vermittelt Ihnen der Band die biografischen, zeitgeschichtlichen und kunsttheoretischen Hintergründe des Werks. Zum Zwecke

---

[1] Sämtliche Seitenangaben in diesem Werk beziehen sich auf die im Literaturverzeichnis angegebene Textausgabe des Fischer Verlags.

der erfolgreichen Prüfungsvorbereitung können Sie sich außerdem die Aufgabenform „Figurencharakterisierung“ sowie textanalytische Verfahren erarbeiten und die wesentlichen Aspekte der Novelle in übersichtlicher und einprägsamer Weise wiederholen.

Viel Freude beim Lesen, Nachdenken und Verstehen wünschen

Claudia Müller-Völkl und Michael Völkl

Der Inhalt im Überblick

Erstes Kapitel

Das Einleitungskapitel der Novelle handelt von dem Entschluss der Hauptfigur zu einer Reise in den Süden.

Gustav von Aschenbach lebt als gefeierter Schriftsteller in München. Seinen literarischen Leistungen verdankt er sogar die Erhebung in den Adelsstand. Eines Tages unternimmt er, erschöpft von seiner konzentrierten Schreibarbeit und aufgewühlt von einer unbestimmten inneren Unruhe, einen Erholungsspaziergang durch den Englischen Garten. Auf dem Nachhauseweg wartet er am menschenleeren Nordfriedhof auf die Straßenbahn. Vor der Aussegnungshalle des Friedhofs wird er auf einen offenbar weit gereisten Mann aufmerksam, dessen fremdartige Erscheinung in Aschenbach Fernweh und Reiselust weckt. Getragen vom Wunsch, aus der strengen Routine seines Alltags auszubrechen, verliert er sich in Gedanken. In einem Tagtraum sieht er sich in eine bedrohlich-gefährliche, aber auch faszinierende und verlockende Urwaldszenerie versetzt. Hinter dieser Vision vermutet er zunächst das unbewusste Motiv der Flucht vor seiner anstrengenden Arbeit. Eine solche Pflichtverletzung will der an Selbstdisziplin gewöhnte Aschenbach nicht gelten lassen. Angesichts seiner nachlassenden literarischen Produktivität entschließt er sich aber doch zu einer kurzen Reise in den Süden, bevor er dann den Sommer in seinem Haus im Gebirge verbringen will. Als Aschenbach schließlich die Straßenbahn besteigt und sich nochmals nach der fremden Gestalt umsieht, ist diese verschwunden.

Zweites Kapitel

Das Kapitel thematisiert den Charakter und die Kunstauffassung Aschenbachs.

Aschenbach stammt väterlicherseits von einer schlesi-

schen Familie ab, die in verschiedenen Funktionen dem Staatswesen gedient hat. Das von Vaterseite übernommene Ideal eines Lebens der Pflichterfüllung wird durch einen musischen Einfluss kontrastiert: Seine Mutter war die Tochter eines böhmischen Kapellmeisters.
Zu den Werken des weltbekannten Schriftstellers gehören anspruchsvolle Erzählungen, z. B. über Friedrich den Großen[1], ein komplex angelegter Roman namens „Maja“ sowie die Erzählung „Der Elende“. Hinzu kommt „Geist und Kunst“, eine bedeutende theoretische Arbeit über Literatur.
Der Wille, berühmt zu werden, hat schon in frühen Jahren das Selbstverständnis Aschenbachs geprägt. Spätestens im Alter von vierzig Jahren steht er schon auf dem Höhepunkt internationaler Anerkennung. Seine schwache körperliche Konstitution bringt es mit sich, dass seine außerordentlichen schöpferischen Leistungen ohne große Selbstdisziplin, Entsagung und Leidensfähigkeit nicht denkbar wären. Dabei macht er auch eine künstlerische Entwicklung durch: In jungen Jahren noch zynisch den Wert von Kunst infrage stellend, wird er zunehmend zum Verfechter einer konservativen Sittenstrenge, weshalb die inhaltlich und stilistisch als mustergültig anerkannten Texte seiner Reifezeit schließlich in den Rang einer pädagogisch anerkannten Schullektüre erhoben werden. Der von ihm vertretene verzichtreiche Leistungswille sichert ihm dabei unter gleichgesinnten Zeitgenossen eine breite Leserschaft.
Über die Familie Aschenbachs verrät das Kapitel nur wenig. Man erfährt lediglich von seiner frühen Witwerschaft sowie von der Existenz einer Tochter, die für den weiteren Handlungsfortgang keine Rolle spielt. Das abschließend beschrie-

[1] Gemeint ist Friedrich II. von Preußen (1712–1786), der als preußischer König aus der Philosophie des aufgeklärten Absolutismus heraus regierte und sich deshalb selbst als „ersten Diener des Staates“ bezeichnete.

bene Aussehen Aschenbachs ist von den Spuren der entsagungsvollen inneren Kämpfe des Künstlers gezeichnet

Drittes Kapitel

Das Kapitel beschreibt die Ankunft Aschenbachs in Venedig, sein erstes Aufeinandertreffen mit dem polnischen Jungen Tadzio sowie seinen misslingenden Versuch einer vorzeitigen Abreise.
Zwei Wochen nach dem im ersten Kapitel geschilderten Entschluss zum Aufbruch macht sich Aschenbach über Triest und Pola auf den Weg zu einer Insel vor der Küste Istriens. Unzufrieden mit seiner Wahl beschließt er, seine Ferien in Venedig fortzusetzen. Für die Überfahrt in die Lagunenstadt geht er an Bord eines ältlichen Schiffes. Im Lauf der Passage begegnen ihm mehrere unheimliche Gestalten: ein ungepflegter und buckliger Matrose, ein grimassierender Ticketverkäufer sowie ein Greis, dessen betont auf Verjüngung zielende äußere Aufmachung grotesk wirkt.
Die Stadt Venedig empfängt den Reisenden mit trübem Wetter, aber auch mit einem begeisternden architektonischen Panorama. Den Transport zu seiner Unterkunft unternimmt Aschenbach in einer düsteren Gondel, die von einem unfreundlichen und zwielichtigen Gondoliere gelenkt wird, der Aschenbach erschaudern lässt.
Anlässlich einer im Hotel eingenommenen Mahlzeit wird er inmitten einer polnischen Reisegruppe des kränklich wirkenden Jünglings Tadzio gewahr, dessen zarte Schönheit ihn augenblicklich in seinen Bann schlägt. Ein Badetag am Strand gibt ihm als stillem Betrachter Gelegenheit, die Anwesenheit des Jungen intensiv zu genießen.
Dennoch fasst Aschenbach, belastet von den drückenden klimatischen Verhältnissen in Venedig, zwei Mal den Entschluss zu einer schnellen Abreise, die jedoch scheitert, da sein Gepäck falsch weitergeleitet wird. Über diese widrigen Umstände empfindet er eine zunächst unerklärliche innere

Erleichterung. Als er Tadzio erneut am Strand erblickt, wird ihm klar, dass es die Faszination des Jungen ist, die ihn an Venedig fesselt.

Viertes Kapitel

Das Kapitel handelt von der wachsenden Verliebtheit Aschenbachs in Tadzio.

Aschenbach ist nunmehr fest entschlossen, seinen Aufenthalt in Venedig fortzusetzen. Sein Urlaubsrhythmus ist dabei vom Streben beherrscht, bei jeder sich bietenden Gelegenheit Begegnungen mit Tadzio zu provozieren. Die sinnliche Präsenz des Jungen nimmt er als Verkörperung reiner und vollkommener Schönheit wahr. Gleichzeitig verarbeitet er seine homoerotische Begeisterung für Tadzio, indem er diese ästhetisiert, also unter dem Aspekt der Kunst betrachtet, und in mythologische und philosophische Zusammenhänge stellt. Infolge seiner intensiven Leidenschaft für Tadzio gelingt es ihm überdies, seine literarische Schaffenskrise zu überwinden und eine kurze Abhandlung zu verfassen. Trotz seiner starken inneren Empfindungen findet Aschenbach jedoch nicht die Kraft, Tadzio persönlich anzusprechen. Als er dem Jungen zufällig bei einem Spaziergang begegnet und dieser ihn anlächelt, gelingt es ihm wenigstens, sich selbst gegenüber einzugestehen, dass er in Tadzio verliebt ist.

Fünftes Kapitel

Das Kapitel beschreibt die Erkrankung und den Tod Aschenbachs, der trotz einer Cholera[1]-Epidemie in Venedig ausharrt.

Immer mehr Anzeichen deuten auf einen Seuchenausbruch in der Stadt hin. Die aus der deutschsprachigen Pres-

[1] Cholera: schwere Infektionskrankheit, die unbehandelt zum Tode des Patienten führen kann. In Europa kam es im 19. Jahrhundert zu mehreren schweren Cholera-Epidemien. Moderne Hygienestandards verhindern heutzutage die massenhafte Ausbreitung der Krankheit.

se informierten Landsleute Aschenbachs brechen ihren Urlaub ab. Die Gesundheitsbehörde von Venedig will die Seuche zwar geheim halten, führt aber zugleich Desinfektionsmaßnahmen durch und ruft die einheimische Bevölkerung zu vorbeugenden Maßnahmen auf. Eine Gruppe seltsamer Straßenmusiker tritt auf der Hotelterrasse auf und verhöhnt dabei die ausländischen Gäste. Aschenbach wird durch diese Beobachtungen die drohende Gefahr immer bewusster, dennoch nimmt er sie bewusst in Kauf, um Tadzio nahe bleiben zu können. Weil er eine Abreise der polnischen Familie verhindern will, unterlässt er es, diese über die Vorfälle zu informieren.

Stattdessen sucht er systematisch die Nähe des Jungen und missachtet dabei zunehmend gesellschaftliche Schamgrenzen: Er verfolgt die Spaziergänge der Familie durch Venedig und nähert sich sogar der Zimmertür Tadzios im Hotel. Seine homoerotischen Bekenntnisse legitimiert er durch den Rückgriff auf ein stilisiertes, urzeitliches Männlichkeitsideal. Die Verbindung von Liebe und drohendem Tod in Venedig steigert sich zu Traumvisionen eines orgiastischen – hoch emotionalen –, dämonischen Opferfests. Außerdem nimmt Aschenbach immer deutlichere Züge eines liebestollen Greises an, indem er sich mithilfe kosmetischer Mittel ein verjüngtes Aussehen zu geben versucht. Seine Verfolgung Tadzios setzt er sogar noch fort, nachdem er selbst von der Cholera infiziert worden ist.

Als er von der bevorstehenden baldigen Abreise der polnischen Familie erfährt, bietet sich dem sichtlich geschwächten Aschenbach ein letztes Mal Gelegenheit, die Erscheinung Tadzios am Hotelstrand zu beobachten. Dieser wird in eine Handgreiflichkeit mit einem Spielkameraden verwickelt und flieht vor dessen brutalem Verhalten ins Meer. Aschenbach vermeint zu erkennen, dass ihn der Junge anlächelt und ihn ins Meer locken will. In diesem Moment bricht der Schriftsteller zusammen und verstirbt noch am gleichen Tag.

Die Personenkonstellation

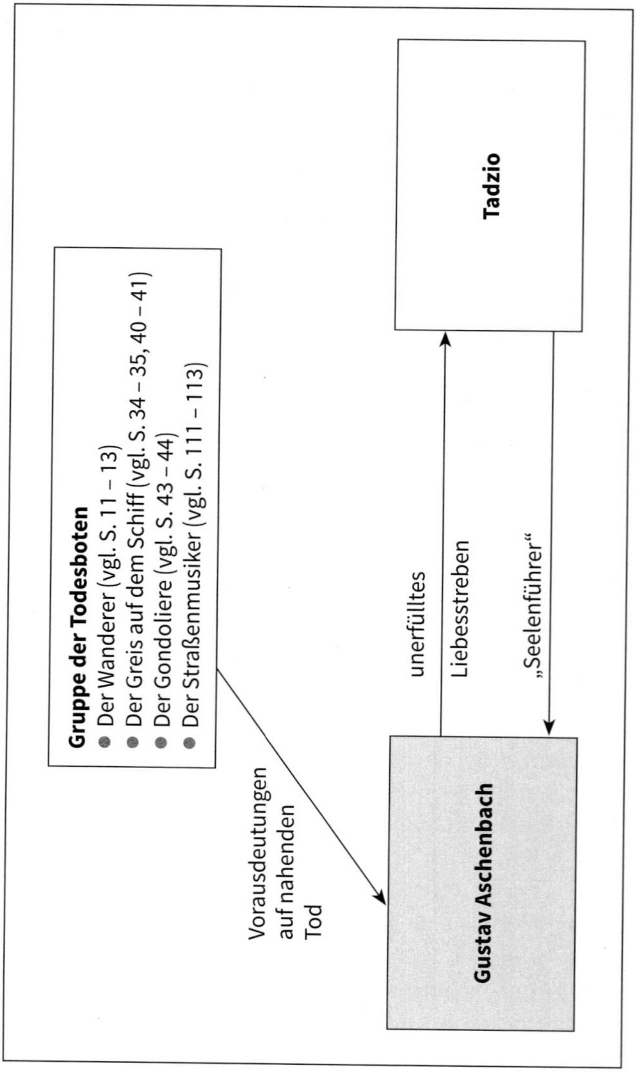

Inhalt, Aufbau und erste Deutungsansätze

Erstes Kapitel

Novellenbeginn und -ende

Der erste Satz der Novelle (vgl. S. 9) eröffnet mit der zweimaligen Nennung Gustav Aschenbachs und informiert über dessen Aufbruch zu einem folgenschweren Spaziergang. Dem Novellenbeginn korrespondiert der Schlusssatz der Erzählung, der vom Tode Aschenbachs und damit vom tragischen Endpunkt seines Aufbruchs berichtet (vgl. S. 139). Die ersten beiden Worte – „Gustav Aschenbach" – und das letzte Wort der Novelle – „Tode" – bilden somit die maximal mögliche Verdichtung der Novellenhandlung auf den Namen der Hauptfigur und ihr Schicksal.

Zeitliche Einordnung der Handlung

Das Handlungsjahr der Novelle, im Text unbestimmt mit „19.“ (S. 9) angegeben, ist vor dem Ausbruch des Ersten Weltkriegs 1914 anzusetzen, da in der Erzählung noch die österreichisch-ungarische Monarchie[1] existiert: Das heute kroatische Pula wird mit dem seinerzeit gebräuchlichen deutschen Namen „Pola" bezeichnet und gehört offenkundig zu Österreich (vgl. S. 39). Weil das fragliche Jahr „unserem Kontinent monatelang eine so gefahrdrohende Miene zeigte" (S. 9), dürfte es sich wohl am ehesten um das Jahr 1911 handeln, in dem die sogenannte „Zweite

[1] Die österreichisch-ungarische Monarchie bildete einen vom Kaiserhaus der Habsburger und aus zahlreichen Völkern und Nationalitäten Mittel- und Südosteuropas bestehenden Staat, der mit dem Ende des Ersten Weltkriegs 1918 auseinanderbrach.

Marokkokrise“[1] beinahe zum Krieg zwischen Deutschland und Frankreich geführt hätte.

Einführung Gustav Aschenbachs

Der einleitende Absatz der Erzählung (vgl. S. 9) enthält erste Informationen zur Hauptfigur. Gustav Aschenbach ist ein angesehener und erfolgreicher Schriftsteller: Er kann sich eine Wohnung in der Prinzregentenstraße, eine sehr teure Adresse in München, leisten. Offenbar aufgrund seines literarischen Prestiges wurde er zu seinem 50. Geburtstag sogar in den Adelsstand erhoben.[2] Eine solche Ehre wurde in der damaligen gesellschaftlichen Realität ausschließlich staatstreuen Persönlichkeiten zuteil. Dies lässt den Schluss zu, dass Aschenbach keine gesellschaftskritischen, gegen die bestehende Ordnung gerichteten Texte verfasste, sondern als staatstragender Autor anzusehen ist. Die tägliche schriftstellerische Arbeit Aschenbachs wird als hoch konzentrierte, strapaziöse Willensleistung geschildert, die ihn belastet und seine Kräfte erschöpft, sodass er der Erholung eines Spazierganges bedarf.

„Gustav Aschenbach“ als sprechender Name

Der „sprechende Name“ der Hauptfigur spielt auf zwei Künstler an, deren jeweiliges Ableben in die Entstehungszeit der Novelle fiel. Der Vorname „Gustav“ deutet auf den Musiker Gustav Mahler[3] hin, den Thomas Mann besonders

---

[1] In der sogenannten „Zweiten Marokkokrise“ hatte das Deutsche Kaiserreich als Antwort auf die Besetzung zweier marokkanischer Hafenstädte durch Frankreich das Kanonenboot „Panther“ vor Agadir in Stellung gebracht, um durch diese militärische Drohgebärde eigene politische und wirtschaftliche Interessen in Nordafrika durchzusetzen. Der „Panthersprung von Agadir“ erzeugte in der europäischen Öffentlichkeit erhebliche Kriegsangst. Die auf diplomatischem Wege erzielte Beilegung des Streits befriedigte die deutschen Forderungen nur zu einem Bruchteil.

[2] Schon seit dem späten Mittelalter konnte in Deutschland Nichtadligen, die sich besonders um Staat und Krone verdient gemacht hatten, vom Kaiser oder einem Landesfürsten ein (nicht erblicher) Adelstitel verliehen werden.

[3] Gustav Mahler (1860 – 1911): österreichischer Komponist, der in seiner Musik den Übergang von der Spätromantik in die Moderne gestaltete

Das Foto Gustav Mahlers (1860 – 1911) befand sich im Nachlass Thomas Manns.

verehrte und von dessen Aussehen er sich bei der Beschreibung Aschenbachs inspirieren ließ (vgl. S. 29 – 30). Der Nachname „Aschenbach" wiederum erinnert an den Landschaftsmaler Michael Achenbach[1], dessen Werke Mann offenbar bekannt waren. In diesem Zusammenhang verdient die lautliche Umgestaltung des Namens Beachtung: Der Bestandteil „Asche" impliziert Tod und Verfall, die Vokale u, a und e verstärken die eher düstere Wirkung des Namens.

Parallelen Aschenbach – Mann

An verschiedenen Stellen der Novelle zeigt sich, dass sich Thomas Mann im Bild des sensiblen und auf Geltung bedachten Künstlers Aschenbach in Teilen auch selbst porträtiert hat. Im ersten Novellenabsatz wird dies unter anderem an zwei Parallelen deutlich: Thomas Mann lebte seit dem Jahr 1894 ebenfalls für mehrere Jahrzehnte in München und auch er pflegte die Vormittagsstunden zu konzentriertem Schreiben zu nutzen.

Sprachliche Auffälligkeiten des ersten Absatzes

Der Novellenbeginn vermittelt einen ersten Eindruck vom unverwechselbaren Schreibstil des Autors. Zunächst fällt auf, dass der gesamte erste Absatz (vgl. S. 9) aus lediglich drei Sätzen besteht. Die langen Satzkonstruktionen, gebildet aus zum Teil noch ineinander verschachtelten Neben-

---

[1] Michael Achenbach (1815 – 1910): deutscher Landschaftsmaler, der v. a. Meermotive malte und dabei eine Abkehr vom romantischen Malstil markierte

sätzen – so stellt der Relativsatz „worin nach Cicero[1] das Wesen der Beredsamkeit besteht" einen Nebensatz 2. Ordnung dar – und Einschüben, sind ein wesentliches Kennzeichen für den Stil Thomas Manns.[2] Damit gelingen dem Autor nicht nur exakte und differenzierte Beschreibungen. Zugleich demonstriert Thomas Mann seine Fähigkeit zum meisterhaften Umgang mit der Sprache. Dem wirkungsvollen Ausdruck dient der Einsatz von bedeutungsschweren Adjektiven („schwierigen und gefährlichen", ebd.) und von begrifflichen Reihungen („höchste Behutsamkeit, Umsicht, Eindringlichkeit und Genauigkeit des Willens", ebd.). Der Rückgriff auf eher ungebräuchliche und damit unverbrauchte Ausdrücke wie zum Beispiel „gefahrdrohend" (ebd.) offenbart zudem einen sehr bewussten Umgang mit sprachlichem Material. Ebenso typisch wie Satzbau und Wortwahl ist für Thomas Mann das feine Spiel mit Ironie und Humor. Im Einleitungssatz der Novelle entwertet der Erzähler auf hintergründige Weise den Adelstitel Aschenbachs, indem er ihn zunächst dem Vor- und Zunamen wie eine Randnotiz nachschiebt und ihn dann mit dem Zusatz „wie […] amtlich sein Name lautete" als rein bürokratisches Detail einstuft. Das Cicero-Zitat schließlich macht deutlich, dass sich Thomas Mann in seinem Schaffen ausdrücklich auf den abendländischen Kulturhorizont bezieht – im weiteren Erzählverlauf wird dies durch zahlreiche Anspielungen auf die Mythologie der alten Griechen und Römer deutlich.

---

[1] Marcus Tullius Cicero (106 – 43 v. Chr.): römischer Politiker, Philosoph und Schriftsteller, dessen Werke bis heute als Höhepunkte lateinischer Stilkunst gelten

[2] Im Roman „Die Geschichten Jaakobs", dem ersten Band der Romantetralogie „Josef und seine Brüder" (Frankfurt a. Main, [11]2002), konstruiert Thomas Mann einen Satz, der aus fast 350 Einzelwörtern besteht (vgl. dort, S. 12 – 13)!

Aschenbachs Spaziergang durch den Englischen Garten, dem zentralen Park in München, erfolgt bei drückendem Wetter. Auf „nasskalte Wochen“ (S. 9) ist ein „falscher Hochsommer“ (S. 10) gefolgt, der schon im Monat Mai hochsommerliche Temperaturen und damit eine „dumpfig[e]“ (ebd.) Atmosphäre bringt. Am Horizont zeichnet sich ein herannahendes „Gewitter“ (ebd.) ab. Dieses drohende Unwetter deutet ein nahendes Unheil für Aschenbach an, die schwüle Atmosphäre in der Stadt lässt bereits die sinnlichen Verstrickungen erahnen, auf die sich die Hauptfigur in Venedig einlassen wird.

Schwüle Gewitterstimmung – Hinweis auf nahendes Unheil

Der Spaziergang endet am menschenleeren Nordfriedhof, wo Aschenbach auf die Trambahn wartet (vgl. S. 10). In der Einsamkeit des Friedhofgeländes versenkt er sich kurzzeitig in die Lektüre der christlichen Inschriften, die an der kunstvoll gestalteten Aussegnungshalle des Friedhofs angebracht sind (vgl. S. 11). Der Friedhof als Endpunkt des Spaziergangs sowie die Konfrontation des Protagonisten mit Jenseitsmotiven deuten auf seinen Tod am Ende der Erzählung hin.

Der Friedhof als Vorausdeutung des Todes

Die Aussegnungshalle des Münchner Nordfriedhofs, derzeitiger Zustand

Der fremde Wanderer

Unvermittelt wird Aschenbach der Anwesenheit eines auffälligen Fremden gewahr. Dieser steht in der Säulenvorhalle der Aussegnungshalle, flankiert von zwei „apokalyptischen[1] Tiere[n]“[2] (S. 11), ohne dass klar wird, woher er gekommen ist (vgl. ebd.). Das Geheimnisvolle, Unheilkündende seiner Erscheinung wird durch sein Aussehen unterstrichen: Mit seinen rötlichen Haaren und seiner sehr hellen, sommersprossigen Haut hebt sich der rätselhafte Fremde laut dem Erzähler sichtlich vom durchschnittlichen Aussehen eines Bayern ab (vgl. ebd.). Seine äußeren Attribute – der Wanderhut, der Rucksack, die wetterfeste Kleidung und der Gehstock (vgl. S. 11 – 12) – lassen ihn als weit gereisten Wanderer fremder Herkunft erscheinen. Zugleich wirkt er aggressiv und brutal: Er strahlt Kühnheit und Wildheit aus (vgl. S. 12), das Fletschen seiner Zähne (vgl. ebd.) erinnert an ein Wildtier.

Der Wanderer als Todesbote

Der Fremde begegnet der Neugier Aschenbachs mit einem herausfordernden und unnachgiebigen Blick – offensichtlich besitzt diese bedrohliche Figur einen konkreten Bezug zum Schicksal Aschenbachs. Dieser Bezug besteht in der erzählerischen Funktion des Wanderers: Er bildet den ersten von mehreren sogenannten „Todesboten“ in der Novelle, die Aschenbach auf seiner Reise nach Venedig, also in die Fremde und damit in den Untergang, begleiten.

Wirkung auf Aschenbach: Reiselust

Das plötzliche Auftreten des merkwürdigen Wanderers löst in Aschenbach eine tief greifende Reaktion aus: Er verspürt ein inneres Drängen nach einem neuen Aufbruch in seinem Leben, konkretisiert in seiner „Reiselust“ (S. 13). Diese

[1] Mit dem Adjektiv „apokalyptisch“ spielt Thomas Mann auf die biblische Offenbarung des Johannes, die sogenannte „Apokalypse“, an, in der das Weltende und das Jüngste Gericht Gottes über die Menschheit prophezeit wird.

[2] Zur Zeit Thomas Manns befanden sich an der Treppe zur Aussegnungshalle noch zwei Tierskulpturen – ein Tiger und ein Löwe –, die im Rahmen von Umgestaltungsmaßnahmen nach dem Zweiten Weltkrieg entfernt wurden.

nimmt bei ihm eine leidenschaftliche Dimension an und erregt sein berufsbedingt ohnehin ausgeprägtes Vorstellungsvermögen in Form eines intensiven Tagtraums.

Vor Aschenbachs innerem Auge erscheint eine wilde Sumpflandschaft (vgl. S. 14). Sie ist geprägt von tropischer Schwüle und einer üppig wuchernden Vegetation, in deren Schilderung der Erzähler zahlreiche erotische Anspielungen versteckt. So beschreibt er das Farnwachstum mit dem doppeldeutigen Begriff „geil[...]“ (ebd.); dies meint nach oben strebende Pflanzentriebe, steht aber auch für sexuelle Lüsternheit. Phallische Assoziationen lösen Begriffe wie zum Beispiel „haarige Palmenschäfte“, „Wurzeln“, die sich wie in einem Geschlechtsakt „in den Boden versenken“, sowie die „knotigen Rohrstämme[...]“ (ebd.) aus. Ebenso wie die Pflanzenwelt stehen auch die Tiere für Exotik und Abenteuer: Aschenbach registriert unbekannte Vögel und die gefahrverheißenden Augen eines Tigers (vgl. ebd.). Die Urwaldszenerie löst zwiespältige Reaktionen in ihm aus.

Aschenbachs Urwald-Traum – beginnende innere Entwicklung

Einerseits verstört ihn die bedrohliche Traumlandschaft, andererseits übt sie auf ihn eine unerklärliche Anziehungskraft aus: Er „fühlte sein Herz pochen vor Entsetzen und rätselhaftem Verlangen“ (ebd.). In der Traumsequenz spiegelt sich also die beginnende innere Entwicklung Aschenbachs. War sein Leben bisher von Ordnung und Selbstdisziplin bestimmt, bricht sich nun ein bislang unterdrücktes Verlangen nach Wildheit und ungezügelter Sexualität Bahn.

Aschenbachs plötzliche Reiselust bedeutet für ihn eine neue Erfahrung. Bislang konzentrierte er seine Lebensplanung auf die Bewältigung seines schriftstellerischen Arbeitspensums, zumal mit fortschreitendem Alter seine Besorgnis wächst, seine künstlerischen Lebensziele nicht erreichen zu können (vgl. S. 15). Dementsprechend vermeidet er die Ablenkung durch Urlaubsreisen (vgl. ebd.). Sein Leben spielt sich in der Hauptsache in München ab, die Som-

Aschenbachs bisherige Ablehnung des Reisens

merfrische, seinen Urlaub, verbringt er gewöhnlich in einer Berghütte im Gebirge. Den europäischen Kontinent hat er überhaupt noch nicht verlassen. Konsequenterweise versucht Aschenbach zunächst, die ihn anwandelnde Sehnsucht nach der Ferne durch „Selbstzucht" (ebd.) einzudämmen.

Reisen als Antwort auf die Schaffenskrise

Aschenbach muss sich jedoch eingestehen, dass er in einer künstlerischen Krise steckt: Er verspürt eine zunehmende innere „Müdigkeit" (S. 16), aufgrund derer seine Schreibarbeit trotz großer Willensanstrengungen kaum mehr vorankommt (vgl. ebd.). Überdies machen den erfolgsverwöhnten Schriftsteller seine eigenen Werke nicht mehr froh, weil er in ihnen einen schmerzlichen Mangel an innerer Schaffensfreude wahrnimmt (vgl. S. 17). Aus dieser Notlage erwächst der Wunsch, für eine gewisse Zeit aus den Zwängen des Alltags auszubrechen („Stegreifdasein", S. 18). Dementsprechend fasst Aschenbach den Entschluss, entgegen seiner bisherigen Urlaubsskepsis einige Sommerwochen an einem Strand im Süden zu verbringen (vgl. ebd.).

Das erste Kapitel als Exposition

Das erste Kapitel der Novelle führt in die wichtigsten Elemente der Novellenhandlung ein. Die Leserin bzw. der Leser lernt den renommierten Schriftsteller Gustav Aschenbach kennen, dessen enorme Arbeitsdisziplin ihn in eine Schreibkrise geführt hat. Die Einsamkeit des Nordfriedhofs und der fremde Wanderer als Todesbote deuten bereits das tragische Ende der Hauptfigur an, die schwüle Atmosphäre in München und der Urwald-Traum Aschenbachs bereiten die von Sinnlichkeit und Erotik bestimmte Atmosphäre des sommerlichen Venedigs vor. Die Reiselust des Schriftstellers wiederum bildet den Auslöser für die folgende Erzählhandlung. Ähnlich dem ersten Akt eines Theaterstücks dient das erste Kapitel damit als Exposition, mit der Protagonisten und Konflikte, Themen und Motive vorgestellt werden.

Das erste Kapitel als Exposition

Erzählerisches Element	Expositorische Funktion für die Novelle
Erfolgsschriftsteller Aschenbach in einer Schaffenskrise	Vorstellung der Hauptfigur
schwüles Wetter in München, Urwaldtraum Aschenbachs	Vorbereitung auf das sinnliche Abenteuer Aschenbachs in Venedig
Wanderer auf dem Nordfriedhof	Vorausdeutung des tragischen Endes Aschenbachs
Reiselust Aschenbachs	Auslöser für die Erzählhandlung

Zweites Kapitel

Aufbau des Kapitels

Das zweite Kapitel der Novelle dient der Charakterisierung des Menschen und Künstlers Gustav Aschenbach. Auffällig hierbei ist die Reihenfolge der Beschreibungselemente. Der Leser rechnet mit dem üblichen Vorgehen eines Erzählers, der zunächst eine Darstellung der äußeren Kennzeichen und dann der inneren Merkmale und Wesenszüge unternimmt. Thomas Mann durchbricht diese Lesererwartung, indem er die Hauptfigur gleich zu Beginn und damit an prominenter Stelle über ihre Werke charakterisiert (vgl. S. 18 – 19), dann ausführlich den Werdegang des Künstlers schildert und erst ganz zuletzt das Äußere Aschenbachs thematisiert (vgl. S. 29 – 30).

Künstler vor Mensch

Eine weitere Auffälligkeit besteht darin, dass Thomas Mann den Menschen Aschenbach zunächst ganz hinter seinem Schaffen zurücktreten lässt. Im ersten Absatz des zweiten Kapitels wird die Hauptfigur erst durch die tätigkeitsbezogenen Nomen „Autor“ (S. 18), „Künstler“ (ebd.), „Schöpfer“ (S. 19) und „Verfasser“ (ebd.) repräsentiert, ehe Vor-

und Zuname des Menschen Aschenbach zu ihrem Recht kommen (vgl. ebd.).

Charakterisierung Aschenbachs durch seine Werke

Die im Text beschriebenen Werke lassen konkrete Rückschlüsse auf das literarische Schaffen Aschenbachs zu. So beschäftigt er sich in einem „mächtigen" (S. 18) Erzählwerk mit Friedrich dem Großen, also mit einer geschichtlichen Persönlichkeit, die in der historischen Erinnerung mit dem Ideal der selbstlosen Pflichterfüllung gegenüber Staat und Bürgern verknüpft ist. Die im Roman „Maja" erzählten vielschichtigen menschlichen Schicksale werden aus dem Prinzip „einer Idee" (S. 19) heraus gedeutet – Aschenbach hat sich also einer idealistischen Weltsicht verschrieben, die der menschlichen Existenz tieferen Sinn und inneren Zusammenhang beimisst. Ganz im Sinne des Idealismus wohnt der Erzählung „Ein Elender" offenbar ein pädagogischer Impuls inne, weil sie der jungen Generation entschlossenes sittliches Handeln als besonderen Wert vermittelt (vgl. ebd.). Die kunsttheoretische Arbeit „Geist und Kunst" wiederum dürfte angesichts ihrer „ordnenden Kraft" (ebd.) wahrscheinlich ein idealistisches Kunstprogramm entfalten – nicht zufällig wird sie laut dem Erzähler von Experten einem entsprechenden Hauptwerk Friedrich Schillers (1759 – 1805) gleichgestellt.

Aschenbachs familiäre Prägung

Für das Wesen des Künstlers Aschenbach sind Elemente von väterlicher und von mütterlicher Seite gleichermaßen prägend. Väterlicherseits stammt er aus einer in Schlesien beheimateten Familie von Staatsdienern (vgl. S. 19): Der Vater bekleidete eine Position im höheren Justizdienst, andere Vorfahren dienten dem König und dem Staat als „Offiziere, Richter, Verwaltungsfunktionäre". Ihnen wird ein „straffes, anständig karges Leben" (ebd.) bescheinigt. Nimmt man noch die „innere Geistigkeit" (ebd.) eines Geistlichen hinzu, ergibt sich das Bild einer von Sittenstrenge, persönlicher Bescheidenheit sowie Pflichtbewusstsein gegenüber der Obrigkeit dominierten Familientradition. Allerdings mischen sich bei Aschenbach auch fremde Einflüsse hinzu: Seine Mutter war die Tochter eines aus Böhmen stammenden Kapellmeisters (ebd.). Das aus dieser Linie zugeführte „[r]aschere[..], sinnlichere[...] Blut“ (ebd.) verdankt sich der Musikalität ebenso wie der kulturellen Vitalität der Region Böhmen, die jahrhundertelang von einem fruchtbaren Nebeneinander von Deutschen und Tschechen geprägt wurde. Die „dunkleren“ (ebd.) Seiten dieses Erbes deuten die von Aschenbach verdrängten unbewussten Aspekte seines Seelenlebens an, die im weiteren Gang der Ereignisse zum Ausbruch kommen.

Das reale Vorbild: die familiären Wurzeln Thomas Manns

Mit der Familiengeschichte Aschenbachs verarbeitet Thomas Mann ohne Zweifel auch seine eigene Abstammung. Seine Mutter Julia[1], geboren als Kind deutscher Auswanderer in Brasilien, bildete nämlich ein auffallendes Gegengewicht zur nüchtern-norddeutschen Kaufmannsart der Manns. Sie kümmerte sich besonders um die musikalische Erziehung ihrer Kinder. Außerdem pflegte sie eine lebenslange Neigung zu südlicher Lebensart, was unter anderem zum Umzug der Familie Mann von Lübeck nach München 1893 führte.

Aschenbachs Verlangen nach Ruhm

Das künstlerische Schaffen Aschenbachs ist in erster Linie vom Verlangen nach Ruhm motiviert (vgl. S. 20). Schon in frühen Jahren macht er nicht nur durch literarisches Talent, sondern auch durch selbstbewusstes und bestimmtes Auftreten auf sich aufmerksam (vgl. ebd.). Als gereifter Schriftsteller ist er derart erfolgreich, dass er Fanpost aus der ganzen Welt erhält. Dabei hat er „gelernt[2], [...] von seinem Schreibtische aus zu repräsentieren, seinen Ruhm zu verwalten, [...] bedeutend zu sein“ (ebd.) – in dieser Formulierung wird deutlich, dass Aschenbach großen Wert auf

---

[1] Julia da Silva-Bruhns, verheiratete Mann (1851 – 1923)
[2] Hervorhebung vom Autor

seine Wirkung legt und er sich bewusst als würdevollen Schriftsteller inszeniert.

Schreiben als Willensanstrengung

Der Erfolgsschriftsteller Aschenbach erweckt beim Publikum eine enorme Erwartungshaltung, der Aschenbach nur mit ständiger Bereitschaft zu außerordentlicher Leistung gerecht zu werden vermag (vgl. ebd.). Diese aber wird durch seine schwache körperliche Konstitution behindert, die auch sein Einzelgängertum bedingt: Schon als Kind ist Aschenbach kränklich und deshalb isoliert von anderen Kindern (vgl. S. 21). Gegen die widrigen Umstände setzt er das „Durchhalten" (ebd.). Dafür steht auch die Aussage eines Beobachters, Aschenbachs Leben gleiche einer geschlossenen, ständig angespannten Faust, die sich nie lockere (vgl. S. 20–21). Um Literatur schaffen zu können, braucht Aschenbach einen starken Willen und Selbstdisziplin, die sich in einem strengen Tagesablauf äußert (vgl. S. 22).

Das „Trotzdem" als Erfolgsformel

Aschenbachs Bekenntnis zur täglichen Selbstüberwindung scheint auch in seinen Werken durch. Seine Romanhelden sind stolze Dulder, die „Haltung im Schicksal, Anmut in der Qual" (S. 24) beweisen und die ihre bildliche Entsprechung in der Figur des heiligen Sebastian[1] finden. Mit seinen literarischen Figuren trifft der Schriftsteller offenbar den Nerv der Zeit, weil viele physisch schwächliche und erschöpfte Zeitgenossen sich in den Protagonisten Aschenbachs wiedererkennen (vgl. S. 23) und Aschenbach diesen „Moralisten der Leistung" (S. 25) zumindest vorübergehend das Gefühl von Größe vermittelt. Sein „Trotzdem" (S. 23) gegen

---

[1] Sebastian (gest. 288 n. Chr.): Soldat, der vom römischen Kaiser Diokletian (gest. 312 n. Chr.) hingerichtet wurde, weil er sich standhaft zum Christentum bekannte. Sebastian wird in der katholischen und in der Ostkirche als Heiliger verehrt. In der religiösen Bildwelt ist er typischerweise als gefesselt und durchbohrt von Pfeilen dargestellt. Sebastian gilt außerdem als Schutzheiliger gegen die Pest und andere Seuchen; diese wird Aschenbach am Ende der Novelle zum Verhängnis.

alle Widrigkeiten des Lebens wird damit zur wesentlichen „Formel seines Lebens und Ruhmes“ (ebd.). Der zeitkritische Unterton dieser Ausführungen ist klar, ließen sich doch im Kaiserreich viele Menschen vom kraftmeierischen und kriegerischen Auftreten Kaiser Wilhelms II. (1859 – 1941) mitreißen, welches freilich eine Kompensation seines persönlichen Minderwertigkeitskomplexes darstellte.

Aschenbachs Entwicklung vom ironischen Zweifler …

Die künstlerische Entwicklung Aschenbachs wird vom Erzähler der Novelle als „Aufstieg zur Würde“ (S. 25) beschrieben. Als junger, wilder Autor verstößt Aschenbach gegen gesellschaftliche Konventionen („Takt und Besonnenheit“, ebd.) und erregt durch seine literarischen „Missgriffe“ (ebd.) wiederholt öffentliches Aufsehen. Der Erzähler bezeichnet ihn als „problematisch“ (S. 26): Aschenbach schreibt als ironischer Zweifler, der um grundlegender Einsichten willen anerkannte gesellschaftliche Werte radikal befragt und in seinem unbedingten Anspruch auch das Wesen der Kunst beziehungsweise die Aufgabe des Künstlers auf zynische Weise in Zweifel zieht (vgl. ebd.).

… zum Künstler der Würde …

Die Reifezeit Aschenbachs bedeutet das Ende seiner Suche nach tieferer Erkenntnis und damit die Abkehr vom „Psychologismus der Zeit“ (ebd.) ebenso wie vom „moralischen Zweifelsinn“ (S. 27). Damit dürfte konkret folgender Überzeugungswandel gemeint sein: Statt weiter die Widersprüchlichkeit der menschlichen Identität zu entlarven und damit auch die Möglichkeit echter Moralität in Abrede zu stellen, geht es Aschenbach fortan um „moralische Entschlossenheit, jenseits des Wissens, der auflösenden und hemmenden Erkenntnis“ (ebd.). Die Stilisierung einer unanfechtbaren „Würde und Strenge“ (ebd.) in seiner Person und in seinen Werken bezahlt Aschenbach also mit der Rückkehr zu einer naiv anmutenden, unkritischen Geisteshaltung. Dem entspricht seine formale Hinwendung zum zeitlosen ästhetischen Ideal klassischer Schönheit, die charakterisiert ist durch „adelige Reinheit, Einfachheit und

Ebenmäßigkeit der Formgebung“ (ebd.). Damit repräsentiert das Werk Aschenbachs das „Mustergültig-Feststehende“ (S. 28–29), das deshalb auch Einzug in die Schulbücher findet (vgl. S. 29) und für das dem Künstler höchste gesellschaftliche Anerkennung in Gestalt des Adelstitels zuteilwird (vgl. ebd.).

… und die negative Bewertung vonseiten des Erzählers

Der Erzähler der Novelle kommentiert diesen Werdegang seiner Hauptfigur negativ. So sieht er in Aschenbachs Moral, die von einer Erkenntnis losgelöst ist, „eine sittliche Vereinfältigung der Welt“ (S. 27) und hinter seiner Verneigung vor der äußeren Form „moralische Gleichgültigkeit“ (S. 28). Spöttische Kritik angesichts der Verwandlung Aschenbachs zu einem repräsentativen Dichterfürsten verharmlost er mit augenzwinkernder Ironie als „ewiges Zigeunertum“ (S. 28). Den Aufstieg Aschenbachs demaskiert er als „Selbstgestaltung des Talentes“ (ebd.), also als bewusste Selbstinszenierung mit dem Ziel der gesellschaftlichen Karriere.

Selbstironie des Autors

Hinter diesen Zeilen steht ohne Zweifel auch Selbstironie des Autors: Thomas Mann selbst fand in seinem Schaffen immer mehr zu einem klassisch anmutenden Stil und zu einem Leben voll bürgerlicher Repräsentanz. Dagegen wurden nicht in dieses Bild passende, abseitige Faktoren, beispielsweise seine homosexuellen Neigungen, auf das Feld der literarischen Fantasie verdrängt.

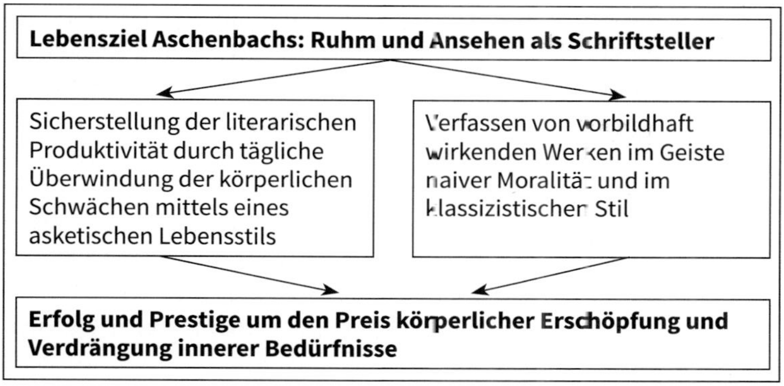

Aschenbachs Sesshaftwerden

Aschenbachs Entwicklung zum gesetzten Schriftsteller zeigt sich auch in seiner Entscheidung, nach mehreren kurz aufeinanderfolgenden Wohnortwechseln dauerhaft in München sesshaft zu werden und mit einer einem Bildungshaushalt entstammenden jungen Frau eine Familie zu gründen. Seine Gattin verstirbt allerdings früh. Aus der Ehe ist eine schon verheiratete Tochter hervorgegangen. Aschenbach hat also keine familiären Verpflichtungen – beide Frauen bleiben in der Novelle namenlos – und kann seine Entscheidungen, z. B. die Reise nach Venedig, ohne besondere Rücksichtnahmen treffen.

Aschenbachs Gesicht als Ausdruck seines Inneren

In der detaillierten Beschreibung von Aschenbachs Aussehen wird sein Charakter nach außen sichtbar. So deutet der im Vergleich zum Rumpf zu groß geratene Kopf die Kopflastigkeit und körperliche Schwächlichkeit des Intellektuellen an (vgl. S. 29). Die Neigung des Kopfs zur Seite verdeutlicht seinen permanenten Leidensdruck (vgl. S. 30). Die faltige Stirn (vgl. S. 29–30), die dünnen Wangen, der schlaffe Mund sowie die müden Augen (vgl. jeweils S. 30) spiegeln die inneren Kämpfe Aschenbachs und seinen fortschreitenden Verlust an innerer Energie. Das zurückgebürstete Haar (vgl. S. 29) wiederum steht für die Selbstinszenierung

Aschenbachs als würdevoller Schriftsteller, ebenso wie die Brille, die in die „edel gebogene[]“ (S. 30) Nase einschneidet – diese Anspielung macht deutlich, dass Aschenbachs selbst gewählte Rolle als Denker eigentlich seinem inneren Wesen widerspricht.

Die Funktion des zweiten Kapitels

Das zweite Kapitel der Novelle beschreibt Aschenbach als Künstler, der immerzu mit sich und der eigenen Schwäche ringen muss, um schöpferisch tätig sein zu können und sein Lebensziel zu erreichen: Ruhm und Ansehen als Schriftsteller. Seinen Erfolg in der Öffentlichkeit und sein Prestige als würdevoller Künstler erkauft er mit täglicher Askese, mit kräftezehrender Härte gegen sich selbst und mit der Unterdrückung gesellschaftskritischer Motive sowie dem auf Widersprüche und Verdrängung aufbauenden ironischen Schreibstil, der sein literarisches Frühwerk geprägt hat. Die Existenz Aschenbachs birgt somit erhebliches inneres Konfliktpotenzial, aus dem sich der weitere Verlauf der Novellenhandlung entfaltet.

Drittes Kapitel

Aschenbachs Reise in den Süden

Zwei Wochen nach der Begegnung mit dem unheimlichen Wanderer am Nordfriedhof hat sich Aschenbach freigemacht und reist nach Süden, zunächst mit dem Ziel Istrien. Dabei plant er offenbar, nur einen Monat lang wegzubleiben und danach für den Sommer sein Landhaus im Gebirge zu beziehen. Er nimmt sein Quartier auf einer Insel nahe der Stadt Pola. Dort muss er feststellen, dass der Ort seiner Reise- und Abenteuerlust nicht entspricht, und so reist er weiter nach Venedig.

Aschenbachs Überfahrt in die Unterwelt

Auf dem Schiff, das Aschenbach in die Lagune von Venedig befördert, herrscht eine düstere, ahnungsvolle Atmosphäre. Das Schiff selbst steht für Verfall: Es ist sichtlich in die Jahre gekommen und schwarz von Ruß (vgl. S. 32). Der Matrose, der in einer „höhlenartigen […] Koje“ (ebd.) sitzt und dem Aschenbach die Überfahrt bezahlt, trägt geradezu abstoßende Züge (vgl. S. 32 – 33): Er hat einen Buckel, wirkt ungepflegt und grinst. Zudem sitzt sein Hut schief und er hat einen Zigarettenstummel im Mund. Einzelne Attribute erinnern geradezu an den Teufel: Er trägt einen Ziegenbart (vgl. S. 32), seine gelben Finger erinnern an den Tod und er schreibt Schriftzeichen, die an „Krähenfüße" erinnern, traditionell ein Kennzeichen des Teufels (jeweils S. 33). Die Ausfertigung der Fahrtpapiere mit Tinte und Feder spielt auf den Teufelspakt in Goethes (1749 – 1832) Drama „Faust" an, in dem sich der Gelehrte Faust mit einem Vertrag dem Teufel verschreibt.[1]

Der zweite Todesbote: der Greis auf dem Schiff

Aschenbach beobachtet auf Deck die anderen Passgiere (vgl. S. 34). In einer Gruppe von jungen Leuten fällt ihm ein falscher Jüngling auf (vgl. S. 34 – 35), der durch sein übermütiges Verhalten, seine übertrieben grelle Kleidung, Schminke und Perücke von seinem tatsächlichen Alter ablenken will. Seine faltige Haut, sein künstliches Gebiss und seine alten Hände jedoch zeigen, dass es sich in Wirklichkeit um einen Greis handelt, also um die Vergegenwärtigung von Verfall und womit ein Ausblick auf Aschenbachs Ende gegeben wird. Ähnlich wie beim Wanderer auf dem Nordfriedhof handelt es sich somit auch bei dieser Figur um einen Todesboten, der auf die folgenden tragischen Entwicklungen vorausdeutet. Die äußerst ungewöhnliche Tatsache, dass die jungen Leute den Greis wie selbstverständlich als ihresgleichen ansehen, weckt in Aschenbach den Eindruck, als „beginne eine träumerische Entfremdung, eine Entstellung der Welt ins Sonderbare" (S. 35) – damit wird ein weiteres Mal deutlich, dass die Überfahrt nach Venedig für Aschenbach keine banale touristische Unternehmung darstellt, sondern den Beginn existenzieller Verwicklungen.

[1] Vgl. hierzu die Lektürehilfe „EinFach Deutsch … verstehen" zu Goethes Drama „Faust I", S. 35 – 42, 978-3-14-022477-2.

Düstere Überfahrt nach Venedig

Das Ablegen des Schiffs vom Kai mit Richtung auf das offene Meer wird als dunkler und bedeutungsschwangerer Vorgang geschildert. Der „schwere und düstere" (S. 35) Schiffskörper bewegt sich mit „schwerfälligen Manövern" (S. 36) aus dem „schmutzig schillernden" (ebd.) Hafenbecken. Dazu wird es vom Regen und vom Kohlenstaub immer schmutziger und nässer (vgl. ebd.). Auch das Wetter ist ungemütlich: Der Himmel ist grau, es geht ein feuchter Wind und das Festland verschwindet allmählich im Dunst (vgl. ebd.) – Aschenbach verliert den Bezug zu den bisherigen Gewissheiten in seinem Leben. Als der Regen aufhört, präsentiert sich der Himmel „trüb" (ebd.) und das Meer „öde" (ebd.). Unter dem Eindruck der sonderbaren Überfahrt schläft Aschenbach schließlich ein. Bei der Ankunft in Venedig dauert das feuchte, trübe Wetter an (vgl. S. 37), was die Erwartungen Aschenbachs schwer enttäuscht, da seine bisherigen Ankünfte in der Lagunenstadt stets von Sonne begleitet waren. Diese Enttäuschung ist ein weiterer Hinweis darauf, dass sich Aschenbachs Aufenthalt in Venedig nicht wie ein gewöhnlicher Urlaub entwickeln wird.

Der Greis als Vorausdeutung auf das Schicksal Aschenbachs

Kurz vor dem Anlegen des Schiffes beobachtet Aschenbach erneut den Greis, der sich in Gesellschaft der jungen Leute inzwischen „kläglich" (S. 38) betrunken hat und sich nun völlig gehen lässt. Er torkelt und belästigt die Mitreisenden mit Albernheiten und mit Obszönitäten. Wenig später, beim Verlassen des Dampfers, fällt dem Greis sogar sein künstliches Gebiss vom Oberkiefer (vgl. S. 41). Aschenbach nimmt im würdelosen Auftritt des Greises erneut die Tendenz der Realität wahr, „ins Sonderbare und Fratzenhafte" (S. 39) abzugleiten. Der Leser wiederum mag eine weitere Vorausdeutung auf das Schicksal der Hauptfigur erkennen: Ebenso wie der Greis droht auch der angesehene Schriftsteller Aschenbach sich durch seine närrische Liebe zum Knaben Tadzio gesellschaftlich lächerlich zu machen.

Venedig als touristisches Ziel

Der Blick auf die Piazza San Marco, dem Hauptplatz Venedigs und zugleich Anlegeplatz der Passagierboote, lenkt Aschenbach von seinen verstörenden Gedanken ab. Im Kontrast zum abstoßenden Treiben des Greises ist die Beschreibung der Piazza und ihrer Bauwerke ganz im begeisternden, geradezu feierlichen Stil eines konventionellen Reiseführers für bildungsbeflissene Kunstreisende gehalten: Überschwängliche Formulierungen wie „erstaunlichste[r] Landeplatz“, „blendende Komposition fantastischen Bauwerks“, „Herrlichkeit“, „prunkend“ und „Märchentempel“ (alle S. 39) dienen dazu, Venedig als die „unwahrscheinlichste der Städte“ (S. 40) zu definieren. Aschenbach scheint für einen Moment doch wieder in dem ihm vertrauten Hochglanz-Venedig anzukommen. Doch ein weiterer peinlicher Auftritt des Greises (vgl. S. 39 – 40) holt ihn in die seltsame Stimmung der Überfahrt zurück.

Die Gondel als Todessymbol

Auf dem Anlegeplatz besteigt Aschenbach eine Gondel, um zu einer Vaporetto[1]-Station und von dort aus auf den Lido, einen der Stadt Venedig vorgelagerten Sandstreifen mit Hotels und Badeanlagen, zu gelangen (vgl. S. 40). In der Beschreibung der Gondel (vgl. S. 41) wird besonders die Todessymbolik herausgestellt: Das „seltsame Fahrzeug“ erinnert an einen Sarg beziehungsweise an eine Bestattungszeremonie und gleich drei Mal wird die schwarze Färbung der Gondel angesprochen. Zudem verspricht der bequeme Passagierstuhl im Zusammenspiel mit der Ruhe Venedigs und der sachte schaukelnden Überfahrt gewissermaßen einen Vorgeschmack auf die ewige Ruhe, dem sich Aschenbach kurzzeitig hingibt (vgl. S. 42).

Der Gondoliere als Todesbote

In der Figur des Gondoliere begegnet Aschenbach einem weiteren Todesboten. Dieser macht auf den Reisenden einen brutalen und verwegenen Eindruck (vgl. S. 43). Zudem scheint er nicht aus Italien zu stammen – eine Parallele

[1] Vaporetto: Wasserbus zur Personenbeförderung in Venedig

zum Wanderer auf dem Nordfriedhof, dem ebenfalls eine fremdländische Herkunft zugeschrieben wurde (vgl. S. 11). Die beiden Figuren teilen zudem Details im Aussehen: Beide haben eine „kurz aufgeworfene[] Nase" (S. 12, 43), beide tragen Bart und Hut, haben rötliche Wimpern bzw. Brauen und zeigen ihre weißen Zähne (vgl. S. 11 – 12, 43). Zudem lässt der Gondoliere Aschenbach seine Überlegenheit spüren: Er befördert seinen Passagier entgegen dessen Wunsch nicht zur Vaporetto-Station, sondern zum Lido – offenbar weiß der Gondoliere besser, welcher Weg Aschenbach bestimmt ist. Dass der Gondoliere spurlos entflieht, weil er sich als Schwarzarbeiter ohne Arbeitsgenehmigung erweist (vgl. S. 46 – 47), rückt seine Existenz noch weiter ins Unerklärliche. Die Frage nach der Bezahlung des Fahrpreises (vgl. S. 45) sowie die direkte Nennung des Hades (vgl. ebd.) stellen einen klaren Zusammenhang mit dem antiken Mythos her, demzufolge die Seelen der Verstorbenen den Fährmann Charon dafür bezahlen, dass er sie über den Fluss Styx ins Reich der Unterwelt übersetzt. Auch Aschenbach tritt mit der Gondelfahrt seinen Weg in den Untergang an.

Venezianische Gondeln, im Hintergrund die Piazza San Marco

Mondäne Hotelatmosphäre

Aschenbach erreicht das Hotel, in dem er reserviert hat. Der zuvorkommende Empfang (vgl. S. 47) und das gut hergerichtete Zimmer mit Meerblick (vgl. ebd.) versprechen einen angenehmen Aufenthalt. Allerdings beschäftigen Aschenbach immer noch die seltsamen Begegnungen auf der Herreise (vgl. S. 48). Nach einem ersten Spaziergang auf der Strandpromenade erscheint er vor dem Abendessen in der Hotelhalle. Dort erwartet ihn eine mondäne und anregende Atmosphäre: Die Hotelbesucher stammen, ihren Sprachen nach zu schließen, aus verschiedenen Ländern Europas und aus Amerika (vgl. S. 49), mit einem gewissen Übergewicht aus Osteuropa (vgl. S. 50). Mit dieser Information an den Leser wird das erstmalige Auftreten des polnischen Knaben Tadzio vorbereitet.

Tadzios vollkommene Schönheit

Tadzio befindet sich inmitten seiner drei älteren Schwestern und einer Erzieherin. Aschenbach fällt auf, dass der Knabe „vollkommen schön" (S. 50) ist. Die konkrete Beschreibung dieser Schönheit bezieht sich zunächst auf das anmutig wirkende Gesicht (vgl. S. 50), von dem ganz offensichtlich auch eine sinnliche Anziehungskraft auf Aschenbach ausgeht. Die vornehme Blässe wird ergänzt durch gelockte Haare, für die der genussverheißende Vergleich „honigfarben" (ebd.) verwendet wird. Tadzios „gerade abfallende[] Nase" (ebd.) wiederum betont die edel wirkende Ebenmäßigkeit des Gesichts, während die Formulierung „liebliche[r] Mund[]" (ebd.) versteckt auf verführerische Lippen hindeutet. Neben diesen Besonderheiten erinnert auch der besondere Ernst des Gesichtsausdrucks Aschenbach an eine künstlerisch vollkommene Plastik eines Bildhauers aus dem klassischen Griechenland. Die Verbindung aus vollendeter Form und reizvoller Sinnlichkeit übersteigt für Aschenbach sogar die entsprechenden Gestaltungsmöglichkeiten der Kunst und der Natur.

Tadzio als leidende Erscheinung?

Die Betrachtung der Gestalt Tadzios ruft bei Aschenbach widersprüchliche Wahrnehmungen hervor. Auf der einen

Seite sieht er in ihm ein verwöhntes Kind aus reichem Hause (vgl. S. 51). Indizien dafür bilden nicht nur Tadzios ungezügelt gewachsener Lockenkopf und sein aufwendig gestaltetes Matrosenkostüm, sondern auch seine Körperhaltung: Tadzio präsentiert sich dem Betrachter, wie wenn er einem Maler Modell sitzen würde, „im Halbprofil“ (ebd.), mit kontrollierter Fußstellung und seinem Kopf in der Hand ruhend (vgl. ebd.). Auf der anderen Seite aber nimmt Aschenbach auch einen leidenden Zug im Wesen Tadzios wahr (vgl. S. 51 – 52), auf den vor allem sein farbloses Gesicht schließen lässt, das, „weiß wie Elfenbein“ (S. 51), einen auffälligen Kontrast zum dunklen Haar bildet. In diesem Zwiespalt tendiert Aschenbach eher zur Annahme, Tadzio sei ein „verzärteltes Vorzugskind“ (S. 52), weil ihm als Künstler die ungerechte Bevorzugung des Schönen ebenfalls nicht fremd ist.

Aschenbachs innere Beunruhigung

Die Mutter Tadzios erscheint, um mit der Familie gemeinsam das Abendessen einzunehmen (vgl. S. 52 – 53). Als sich alle in den Speisesaal begeben, schaut Tadzio noch einmal in die Halle zurück. Dabei kommt es zu einem ersten Blickkontakt mit Aschenbach (vgl. S. 53). Dieser ist davon derart beeindruckt, dass er bei Tisch abstrakten Gedanken über menschliche Schönheit nachgeht (vgl. S. 54). Man kann vermuten, dass Aschenbach auf dem Wege des theoretischen Nachdenkens Distanz zu der inneren Beunruhigung sucht, die von der Begegnung mit der jugendlichen Schönheit Tadzios ausgeht. Diese Beunruhigung verfolgt ihn bis in die Träume der Nacht (vgl. ebd.).

Möglichkeit einer vorzeitigen Abreise, um dem Schicksal zu entkommen

Am folgenden Tag setzt sich das schlechte Wetter der Anreise fort, erzählerisch veranschaulicht durch die negativ konnotierten Adjektive „fahl“, „stumpf[]“, „verschrumpft“ und „nüchtern“. Aschenbach vermeint sogar, morgens durch sein Hotelfenster den fauligen Geruch der Lagune zu spüren. Diese äußeren Umstände verstimmen ihn. Er denkt über eine vorzeitige Abreise nach und packt deshalb sicherheitshalber seinen Koffer nicht ganz aus. Bedenkt man als Leser das tragische Ende der Novelle, so geht es in diesem Textabschnitt freilich nicht nur um ein angenehmes Urlaubswetter. Vielmehr könnte Aschenbach, gewissermaßen gewarnt durch den auf Tod hindeutenden Fäulnisgeruch, mittels der Entscheidung zur Abreise seinem Schicksal noch entkommen.

Aschenbachs Vorfreude auf Tadzios Erscheinen

Beim Frühstück im Hotel lenkt Aschenbach seine Aufmerksamkeit wieder auf die polnische Familie (vgl. S. 55–56). Tadzio fehlt zunächst bei Tisch; dennoch bildet er den Mittelpunkt der Gedanken Aschenbachs, der den Langschläfer als „kleiner Phäake[1]" (S. 56) anspricht. In dieser Bezeichnung wird zweierlei deutlich: Zum einen scheint die Anziehungskraft des Jungen auf den alternden Schriftsteller unter anderem in seinem privilegierten, verwöhnten Dasein zu liegen – Aschenbach seinerseits leidet ja unbewusst darunter, dass er sein Leben der Selbstdisziplin und der Entsagung verschrieben hat. Zum anderen erhebt Aschenbach den jungen Tadzio mit diesem Vergleich geradezu in den Rang einer sagenhaften Gestalt. Sein Hinzukommen will Aschenbach auf jeden Fall abwarten, weshalb er sich beim Frühstück betont Zeit lässt (vgl. ebd.).

Aschenbachs erotisches Verlangen nach Tadzio

Als Tadzio im Frühstückssaal erscheint (vgl. S. 56), ist Aschenbach, wie schon bei der ersten Begegnung am Tag zuvor, von ihm regelrecht hingerissen. Er nimmt das Gehen des Knaben, im Text durch die Adjektivreihung „leicht", „zart", „stolz" und „verschönt durch die kindliche Verschämtheit" (jeweils ebd.) charakterisiert, als besonders anmutig wahr. Außerdem wirkt die polnische Sprache auf ihn „weich verschwommen[…]" (S. 57) und das Profil Tadzios lässt ihn „über die wahrhaft gottähnliche Schönheit des Menschenkindes" (ebd.) geradezu erschrecken. Den

[1] Phäaken: sagenhaftes Inselvolk aus der griechischen Mythologie, das aufgrund günstiger Lebensumstände ein glückliches Leben führte

Höhepunkt der Beschreibung bildet der in poetischen Wendungen – „die Blüte des Hauptes in unvergleichlichem Liebreiz" (ebd.) – ausgedrückte Vergleich Tadzios mit einer Marmorbüste des griechischen Liebesgottes Eros. Darin kommt zum Ausdruck, dass Aschenbach ein erotisches Interesse an dem Knaben hat.

Kopf des „bogenspannenden Eros", griechische Skulptur aus dem 4. Jhd. vor Chr.

Verbotene Knabenliebe

Das Hingezogensein Aschenbachs zu Tadzio erklärt sich teils aus der Faszination des alternden Schriftstellers für die Schönheit der Jugend, ist aber auch hochproblematisch: Allgemein war Homosexualität zur Zeit der Novellenhandlung nicht nur gesellschaftlich verpönt, sondern auch unter Strafe gestellt. Noch viel schwerer wiegt die Neigung Aschenbachs zu einem minderjährigen Knaben. Vor diesem Hintergrund versucht der auf seine gesellschaftliche Integrität bedachte Aschenbach, sich sogleich wieder von seinem Liebeseingeständnis zu distanzieren. Er tarnt sein Interesse an Tadzio als Bewunderung eines Künstlers für ein Kunstwerk („Gut, gut! Dachte Aschenbach mit jener fachmännisch kühlen Billigung, in welche Künstler zuweilen einem Meisterwerk gegenüber ihr Entzücken, ihre Hingerissenheit kleiden.", S. 57) und beschließt, ans Meer zu gehen, statt weiter in der Nähe Tadzios zu bleiben (vgl. ebd.).

Künstlerisches Interesse an Tadzio als Tarnung

Aschenbach und das Meer

Am Strand nimmt Aschenbach die Position des Betrachters ein, der das vielfältige und entspannte Treiben der Badenden betrachtet (vgl. S. 58–59). Dabei sucht er besonders den Blick aufs Meer (vgl. S. 59–60). In diesem Element erlebt der auf Ordnung, Selbstdisziplin und tägliche konzentrierte Arbeit ausgerichtete Künstler einen ausgleichenden Kontrast zu seinem inneren Wesen. Das Meer bildet den Gegensatz zur „anspruchsvollen Vielgestalt der Erscheinungen“ (S. 59), also den komplexen Beanspruchungen im Leben Aschenbachs, indem es eine Vorstellung des „Maßlosen, Ewigen“ (S. 60) und damit eine Ahnung von Vollkommenheit vermittelt. Mit seiner Situation nunmehr zufrieden, fasst Aschenbach den Entschluss, in Venedig zu bleiben und nicht vorzeitig abzureisen.

Der wütende Tadzio – ein Kunstwerk wird menschlich

Tadzio erscheint am Strand. Wieder bewundert Aschenbach seine anmutigen Bewegungen (vgl. S. 60). Doch als der Knabe eine Familie aus Russland wahrnimmt, wird er plötzlich wütend – offenbar bricht sich damit tief sitzende Abneigung gegen das Nachbarvolk der Polen Bahn.[1] Die geradezu dramatische Schilderung, wie sich im Gesicht Tadzios der Zorn ausbreitet – „ein Unwetter zorniger Verachtung“ (ebd.) spiegelt sich in seinem Gesicht, die Stirn wird finster, die Mundpartie gerät in heftige Anspannung, die Augenbrauen werden gerunzelt, die Augen sprechen „die Sprache des Hasses“ (ebd.) –, scheint einen heftigen Aggressionsausbruch vorzubereiten. Doch der erzählerische Spannungsbogen bricht plötzlich ab, Tadzio wendet sich von der russischen Familie ab und beschränkt sich auf eine Geste der Verachtung. Aschenbach wiederum überhöht selbst diesen primitiven Ausdruck nationalistischen Hochmuts. War Tadzio für ihn bislang lediglich ein schön anzusehendes Kunstwerk, so erhält der Knabe in seiner Leidenschaft nun einen echt menschlichen Zug, der Aschenbachs Interesse an ihm weiter steigert.

Aschenbachs erotischer Blick auf Tadzio

Beim Spielen am Strand wird Tadzio von seinen Kameraden mehrfach mit seinem Namen gerufen (vgl. S. 61). Der

[1] Polen war zur Zeit der Novellenhandlung kein unabhängiger Staat, sondern hatte gegen den Willen der polnischen Bevölkerung den Status als Provinz des russischen Zarenreichs.

Strandleben am Lido in Venedig, Fotografie von 1900

sinnliche Wohlklang dieses Namens versetzt Aschenbach in einen Zustand der Befriedigung (vgl. S. 61 – 62). In dieser Stimmung beginnt der Schriftsteller mit der Bearbeitung von Briefen, doch alsbald lässt er davon wieder ab, um sich erneut der Beobachtung Tadzios hinzugeben (vgl. S. 62). Dieser gibt beim Sandburgenbau den Ton an und bildet unter seinen Spielfreunden den von allen umworbenen Mittelpunkt (vgl. S. 62). Sein engster Freund wird sogar als „Vasall“ (S. 63), also als Gefolgsmann Tadzios, bezeichnet. Eine freundschaftliche Kuss-Geste zwischen den beiden wird von Aschenbach genau registriert (vgl. ebd.) – dies unterstreicht seine erotische Wahrnehmungsperspektive auf Tadzio ebenso wie sein anschließender Verzehr reifer Erdbeeren (vgl. ebd.), in der Literatur Symbol für sinnlichen Genuss.

Tadzios Bad im Meer

Die aufs Wesentliche reduzierte Formulierung „Tadzio badete.“ (S. 63) zeigt, dass dessen Bad im Meer für Aschenbach ein geradezu einzigartiges Ereignis darstellt. Als Tadzio zu weit aufs Meer hinausschwimmt und von den Erwachsenen besorgt Tadzios Name gerufen wird,

Aschenbach beobachtet den badenden Tadzio – Szene aus der Verfilmung der Novelle durch Luchino Visconti (1971)

„beherrscht[...]“ diese akustische Kombination „den Strand beinahe wie eine Losung“, also wie eine Parole (S. 64). Damit wird die alles überschattende Präsenz des polnischen Knaben in der Wahrnehmung Aschenbachs deutlich. Bei der Rückkehr aus dem Meer entsteigt Tadzio dem Meer geradezu wie eine griechische Gottheit (vgl. ebd.). Diese Vision löst in Aschenbach Vergleiche mit sinnlichen Motiven aus der griechischen Mythologie aus: So spielt er auf die Geburt der Liebesgöttin Aphrodite aus dem Schaum des Meeres an und der sich in seinem Inneren erhebende „Gesang“ erinnert an den verführerischen Gesang der Sirenen in Homers „Odyssee“. Aschenbachs erotisches Interesse an dem Knaben soll durch die Anspielungen auf den Mythos gewissermaßen verklärt und damit entschuldigt werden. Der nach dem Schwimmen ausruhende Tadzio wiederum weckt in Aschenbach einen väterlichen Schutzinstinkt (vgl. S. 64–65).

Aschenbachs Bedürfnis nach Selbstvergewisserung

Auf die verbotenen sinnlichen Gedanken Aschenbachs am Strand folgt im Hotelzimmer ein Moment der Besinnung (vgl. S. 65). Aschenbach betrachtet sein Gesicht im Spiegel und erinnert sich dabei seines Ansehens und seiner Erfolge als Schriftsteller. Offenbar ahnt er, dass sein bisheriges, auf Selbstdisziplin und Entsagung beruhendes Leben durch die Begegnung mit Tadzio existenziell gefährdet ist.

Tadzio als altersloses Kunstwerk

Bei Tisch findet Aschenbach das erste Mal Gelegenheit, Tadzio aus nächster Nähe zu studieren (vgl. S. 66 – 67). Dabei stellt er einen engen Zusammenhang zwischen der Schönheit des Jungen und seiner Schamhaftigkeit her (vgl. S. 67). Allerdings fallen ihm auch seine schlechten Zähne[1] auf, die er als Vorzeichen von Kränklichkeit und eines zu erwartenden Verfalls wertet (vgl. ebd.). Deshalb geht Aschenbach davon aus, dass Tadzio kein sehr hohes Alter erreichen dürfte. Dies konstatiert er mit deutlicher Beruhigung, weil der jedem Menschen drohende Altersprozess in diesem Fall das menschliche Kunstwerk nicht zu entstellen vermag.

Der Entschluss zur Abreise

Die bei der Begegnung mit Tadzio aufgekommenen Todesgedanken beeinflussen Aschenbach auch bei seinem anschließenden Spaziergang, bei dem er Venedig erneut als unwirtlichen und belastenden Ort erlebt. Vor allem belastet ihn die „widerliche Schwüle“ (S. 67). Außerdem nimmt er die vielfältigen Gerüche der Stadt als abstoßend und die vielen Menschen in den Gassen – das „Menschengeschiebe“ (S. 67) – als einengend und belästigend wahr (vgl. ebd.). Geplagt von Kreislaufbeschwerden – die schwülheiße Luft ruft bei ihm Schweißausbrüche, Atemnot, Fieber und Kopfschmerzen hervor (vgl. ebd.) –, beschließt Aschenbach, abzureisen (vgl. ebd.) und ein Seebad bei Triest auf-

[1] Die Zähne waren zur Zeit Thomas Manns ein üblicher Indikator für den Gesundheitszustand eines Menschen und für seine Lebenserwartung. Dementsprechend nutzt Thomas Mann in seinen Erzählwerken die Zähne häufig zur Figurenbeschreibung, in der Novelle „Tod in Venedig“ z. B. auf S. 12 (Der Wanderer auf dem Nordfriedhof), S. 35, 41 (der Geck auf dem Schiff). Interessanterweise aber wird bei der Beschreibung Aschenbachs (vgl. S. 29 – 30) der Zustand der Zähne verschwiegen.

Aschenbachs verstohlene Blicke auf Tadzio in der Verfilmung von Luchino Visconti (1971)

zusuchen (vgl. S. 68). Auf dem Rückweg ins Hotel nimmt er eine Gondel. Während der Fahrt erlebt er die eigentlich malerische Stadtkulisse Venedigs in negativer Weise. Die Wasserkanäle bilden ein „trübe[s] Labyrinth" (ebd.), das „um glitschige Mauerecken" und an „trauernden Palastfassaden" (ebd.) entlangführt. Zuletzt fühlt er sich auch vom unverschämten Geschäftsgebaren des Gondoliere belästigt und in seinem Willen abzureisen bestätigt. Im Hotel angekommen, gibt er seine bevorstehende Abreise am nächsten Tag bekannt und packt noch am Vorabend der Abreise seine Koffer (vgl. S. 68–69).

Abschied von Tadzio

Am nächsten Morgen rüstet sich Aschenbach zum Aufbruch, allerdings zweifelt er schon wieder an seinem Entschluss (vgl. S. 69). Und obwohl die Abreise drängt, lässt er sich beim Frühstück viel Zeit (vgl. S. 70) – offensichtlich möchte er noch ein letztes Mal auf Tadzio warten. Als dieser erscheint, richtet Aschenbach in Gedanken Abschiedsworte an ihn (vgl. S. 70–71). Er spricht sogar einen Segenswunsch aus, wenn auch nur leise. In dieser Geste deutet sich an, dass sich die geheim gehaltene Verliebtheit

Aschenbachs inzwischen so weit entwickelt hat, dass er am liebsten direkt mit Tadzio kommunizieren würde.

Abbruch der Reise – Rückkehr ins Hotel

Der Abschied von Tadzio macht die anschließende Bootsfahrt zum Bahnhof zur „Leidensfahrt" (S. 71). Anders als am Vortag, als Aschenbach schwer unter dem Klima der Stadt gelitten hat, nimmt er Venedig jetzt wieder als vertrauten Sehnsuchtsort wahr (vgl. S. 71 – 72). Der Konflikt zwischen seiner schwachen Gesundheit, die ihm den weiteren Aufenthalt verbietet, und seinem inneren Streben, zu bleiben, machen es Aschenbach unmöglich, eine klare Entscheidung zu treffen (vgl. S. 72 – 73). In dieser Situation kommt ihm ein Zufall zu Hilfe: Am Bahnhof erfährt er, dass seine Koffer versehentlich in den falschen Zug verladen wurden (vgl. S. 73). Diese Nachricht versetzt Aschenbach in einen Zustand freudiger Erregung (vgl. S. 74). Er bricht mit gespielter Empörung seine Abreise ab, da er nicht ohne Gepäck verreisen könne, und lässt sich in sein Hotel zurückbringen (ebd.).

Wiedersehensfreude mit Tadzio

Auf der Rückfahrt ins Hotel zeigt Aschenbach nach außen immer noch Verärgerung über den Vorfall mit dem Koffer, innerlich jedoch verspürt er „die ängstlich-übermütige Erregung eines entlaufenen Knaben" (S. 75). Seinen Entschluss zur Abreise erkennt er jetzt als einen „schwere[n] Irrtum" (ebd.). Im Hotel bezieht er ein Zimmer, das seiner ersten Unterkunft sehr nahe kommt (vgl. S. 75 – 76). In dieser Bedeutung des Raumes (Raumsemantik) kommt zum Ausdruck, dass die Handlung um Aschenbach dort anknüpft, wo sie durch den Abreiseversuch kurz unterbrochen war. Und tatsächlich erblickt er vom Hotelfenster aus Tadzio am Strand, was in ihm außerordentliche Wiedersehensfreude auslöst (vgl. S. 76 – 77). Der Schluss des Kapitels (vgl. S. 77) zeigt Aschenbach ruhig im Stuhl sitzend, aber mit einer Miene der Erwartung und einer öffnenden Handbewegung, die seine Bereitschaft zu einer immer intensiveren Annäherung an Tadzio ausdrückt.

Die Funktion des dritten Kapitels

In den beiden ersten Kapiteln wurde Aschenbach als gesellschaftlich erfolgreicher, aber auch gefährdeter Mensch gezeigt, dessen inneres Gleichgewicht wesentlich von seiner Selbstdisziplin und sinnlichen Enthaltsamkeit abhängt. Im Mittelkapitel der Novelle wird Aschenbachs bürgerliche Existenz durch eine verführerische Konfrontation herausgefordert. In den Begegnungen mit dem jungen Tadzio erwacht Aschenbachs bislang unterdrücktes sinnliches Verlangen. Angesichts der moralischen Verwerflichkeit der Knabenliebe muss er seine Neigungen freilich äußerst diskret behandeln und vor sich selbst als Interesse des Künstlers an einem Kunstwerk rechtfertigen. Als Aschenbach eine Möglichkeit zur vorzeitigen Abreise aus Venedig verstreichen lässt, wird deutlich, dass er beginnt, sich seinen erotischen Neigungen zu öffnen. Damit nimmt die Novellenhandlung einen schicksalhaften Verlauf an.

Viertes Kapitel

Das Wetter als Spiegel der inneren Situation Aschenbachs

Mit der Rückkehr ins Hotel hat Aschenbach sein Hin- und Hergerissensein zwischen seiner Absicht, abzureisen, und seinem Willen, in der Stadt zu bleiben, beendet und seiner Neigung zu Tadzio nachgegeben. Diese Klärung seiner Situation spiegelt sich erzähltechnisch auch in der Änderung des Wetters. Auf seine Rückkehr ins Hotel folgen klare Sonnentage mit Ostwind, der die drückende Schwüle und die schlechten Gerüche der Lagune vertreibt.

Sommerszenerie im Geiste der antiken Welt, …

Aschenbachs Wahrnehmung der Sommerstimmung am Strand von Venedig steht ganz im Zeichen seines Bezugs zur Welt der griechischen Antike. So erwecken der vor Hitze glühende Sand, die flirrende Luft, die vom intensiven Kräuterduft erfüllten Abende unter sternenklarem Himmel sowie das leise Gemurmel des Meers (vgl. S. 77 – 78) die Vorstellung eines mediterranen Sonnentags. Zudem wird die griechische Götterwelt mit einbezogen: Beim „Gott mit den hitzigen Wangen“ (S. 77) mit seinem Sonnenwagen handelt es sich um den Sonnengott Helios und auch Pontos (vgl. ebd.) als Gott des Meeres wird genannt.

… geschildert im antikisierenden Sprachstil, …

Diese Referenzen auf die Antike zeigen sich auch in der sprachlichen Gestaltung. Die Eingangspassage des vierten Kapitels erinnert stilistisch auffällig an die Versepen Homers[1]: Thomas Mann imitiert offenbar die stilbildende, gleichwohl aufgrund der Zwänge des Hexameters[2] zum Teil künstlich wirkende Versnachdichtung der homerischen Texte durch Johann Heinrich Voß[3]. Ein Beispiel hierfür: „Nun lenkte Tag für Tag der Gott mit den hitzigen Wangen nackend sein gluthauchendes Viergespann durch die Räume des Himmels …“ (ebd.). Die zahlreichen Attributierungen in diesem Satz erinnern ihrerseits an das Stilphänomen der „schmückenden Beiwörter“[4] in den Versen Homers („mit den hitzigen Wangen“, „nackend“, „gluthauchend“).

… und ihre Wirkung auf Aschenbach – Glücksgefühl

Der gleichmäßige Rhythmus des Sommers im Süden – der „wohlige Gleichtakt des Daseins“ (S. 78) – entspannt und verzaubert Aschenbach, denn er gewinnt Abstand zu seiner bisherigen, auf Leistung und Disziplin ausgerichteten Lebensführung. An eine mögliche Abreise denkt er nicht mehr (vgl. ebd.). Vielmehr fühlt er sich „glücklich“ (S. 79) und wie entrückt ins Elysium (ebd.), also in einen paradiesischen Zustand, in dem er sämtliche Anspannung hinter sich las-

---

1 Homer (um 800 v. Chr.): gilt als Autor der frühgriechischen Heldenepen „Ilias“ und „Odyssee“, seine Existenz ist jedoch nicht gesichert

2 Hexameter: Versmaß der klassischen griechischen Epen; die Grundform besteht aus 6 Daktylen, dabei ist der letzte Versfuß unvollständig. Der Hexameter ist schwer auf das Deutsche übertragbar.

3 Johann Heinrich Voß (1751 – 1826): deutscher Schriftsteller und Übersetzer der Werke Homers; die Übertragungen der „Ilias“ und der „Odyssee“ gelten aufgrund ihrer sprachlichen und philologischen Qualität bis heute als musterhaft.

4 „Schmückende Beiwörter“, im Fachbegriff „epitheta ornantia“, verwendet Homer vor allem, um Götter näher zu beschreiben. Diese Zusätze sind inhaltlich meist nicht notwendig, erleichtern aber die Versbildung.

sen und sich dem sinnlichen Lebensgenuss widmen kann. Für dieses Genießen steht vor allem die Nähe zu Tadzio (vgl. S. 80), wobei Hotel und Strand viele „Möglichkeiten lieblichen Zufalls“ (S. 78) bieten, also Gelegenheiten, „in denen er Tadzio sehen durfte“ (S. 81).

Aschenbachs Tarnung seiner homosexuellen Neigungen …

Aschenbachs Hochstimmung kann freilich nicht darüber hinwegtäuschen, dass seine innere Stabilität grundlegend gefährdet ist, denn offensichtlich beruht sein Hingezogensein zu Tadzio auf einem unstatthaften sinnlichen Begehren. Jedoch gelingt es ihm in den folgenden Tagen am Strand zunächst mit Erfolg, den eigentlichen Charakter seiner Beziehung zu Tadzio zu verdrängen. Mithilfe einer als künstlerisches Interesse getarnten Rechtfertigungsstrategie versucht Aschenbach, den Widerspruch zwischen seiner homosexuellen Neigung zu dem Jungen einerseits und seinem bildungsbürgerlichen Weltbild andererseits zu überspielen.

… als Interesse des Künstlers an einem Kunstwerk

Aschenbach will sein Interesse an der Gestalt Tadzios als das Wohlgefallen eines Künstlers an einem Kunstwerk verstanden wissen. Die ihm unbekannte polnische Sprache des Knaben und seiner Familie erlebt er als „Musik“ (S. 82), die Erscheinung und die Körperhaltungen Tadzios werden wie die einer Kunst-Statue beschrieben (vgl. S. 82 – 83; z. B. die Schilderung des liegenden Tadzio, „den zart gemeißelten Arm in den Sand gestützt, das Kinn in der hohlen Hand“, S. 82). Selbst die Existenz eines Künstlers lebend, empfindet Aschenbach eine tiefe innere Vertrautheit mit Tadzio als Kunstwerk. Dieses „göttliche Bildwerk“ (S. 83) eröffnet ihm geradezu die Begegnung mit dem Wesen der Schönheit (vgl. S. 84) und damit die Offenbarung einer göttlichen Schöpfung.

Der Bezug auf Platons Schönheitslehre

Diese Zusammenhänge untermauert Aschenbach mittels Bezug auf die Schönheitslehre des antiken Philosophen

Platon[1] (vgl. S. 84–85), die dieser in seinem Werk „Phaidros"[2] dargestellt hat. Aschenbach erzählt eine Dialogpassage zwischen Sokrates und Phaidros nach, derzufolge die Anschauung der Schönheit die einzige Möglichkeit für die Menschen sei, sich auf sinnliche Weise höhere Prinzipien des Seins zu erschließen. Freilich wirkt der erzählerische Rückgriff auf die Philosophie des klassischen Griechenlands wie eine Entlarvung: Thomas Mann spielt damit nämlich auf eine Epoche an, in der die Päderastie, also die erotische Liebe eines Älteren zu einem Jugendlichen, nicht nur gesellschaftlich anerkannt, sondern von der Philosophie teils sogar als pädagogisch motiviertes Verhältnis gerechtfertigt wurde. Ganz in diesem Sinne bezeichnet Aschenbach Sokrates auch als „verschlagene[n] Hofmacher" (S. 86), dem er damit ein verstecktes erotisches Interesse an Phaidros unterstellt – womit er letztlich seine eigene Bedürfnislage offenlegt.

Der Eros und die Überwindung der Schaffenskrise

Für einen weiteren Aspekt der platonischen Schönheitslehre legt Aschenbach geradezu ein Exempel ab: Sokrates schreibt dem erotischen Verlangen die Wirkung zu, die Schaffenskraft von Künstlern zu beflügeln. Tatsächlich beendet die Begegnung mit Tadzio Aschenbachs Schaffenskrise: „Er wünschte plötzlich zu schreiben." (S. 86) In der Nähe Tadzios gelingt ihm ein kurzes Prosa-Stück, das aufgrund seiner literarischen Qualität zu seinem späteren Ruhm in der Nachwelt beitragen sollte (vgl. S. 87). Freilich ist dieses Produkt der wiedergewonnenen Schaffenskraft teuer erkauft: Sein verwerfliches Streben in den „gefährlich[3] köstlichen Stunden" (ebd.) am Strand bezahlt Aschen-

[1] Platon (427–347 v. Chr. in Griechenland): einer der bedeutendsten Philosophen der europäischen Geistesgeschichte

[2] „Phaidros": vom griechischen Philosophen Platon verfasster fiktiver Dialog zwischen dem Denker Sokrates (gest. 399 v. Chr.) und seinem Gefährten Phaidros, in dem das erotische Verlangen als Streben nach dem Prinzip der Schönheit gedeutet wird

[3] Hervorhebung vom Autor

bach nicht nur mit Gewissensbissen (vgl. S. 88). Vor allem gelingt es ihm kaum mehr, die Illusion des distanzierten Beobachters aufrechtzuerhalten.

Gescheiterter Annäherungsversuch – Wandel im „Wesen“ Aschenbachs

Aschenbach spielt nun immer mehr mit dem Gedanken einer direkten Annäherung. Bei einer zufälligen Begegnung mit Tadzio im Hotel ist er kurz davor, den Knaben zu berühren und ihn anzusprechen (vgl. S. 88). Doch die enorme innere Aufregung Aschenbachs (vgl. S. 88 – 89) verhindert die Durchführung dieser unerhörten Grenzüberschreitung, die vielleicht eine „heilsame Ernüchterung“ (vgl. S. 89) bewirkt hätte. Aber der Erzähler macht deutlich, dass Aschenbach diese Ernüchterung seines Rausches gar nicht will – im Urteil des Erzählers ein Zeichen für „Zügellosigkeit“ (ebd.) der Hauptfigur, deren dominante Eigenschaft zu Beginn der Novelle noch die strenge „Selbstzucht“ (S. 15) bildete. Im Liebesrausch zeigt der vormals hochreflektierte Aschenbach keinerlei Bereitschaft, mit seinen inneren Beweggründen kritisch ins Gericht zu gehen. Stattdessen sorgt er sich nur um seine äußere Fassade, nämlich dass seine geheime Neigung auffallen und er sich in der Öffentlichkeit lächerlich machen könnte (vgl. S. 89 – 90).

Mythischer Rausch als Ausbruch unterdrückter Wünsche

Aschenbach ist zu diesem Zeitpunkt nur noch beherrscht vom Gedanken, Tadzio nahezukommen. Die Tage in Venedig erlebt er dabei geradezu als „mythisch verwandelt“ (S. 92). In seiner rauschhaften Wahrnehmung der Wirklichkeit verschmelzen seine verstohlenen Beobachtungen Tadzios mit den Bewegungen von Wind, Sonne und Meer sowie der Götterwelt des antiken Mythos zu einer fantastischen „Welt voll panischen Lebens“ (S. 93): Der griechische Hirtengott Pan steht hier als Schlüsselbegriff für ein leichtes Lebensgefühl in der Natur, unverfälscht von gesellschaftlichen Konventionen. In Aschenbach brechen sich nun offenbar die seit jungen Jahren unterdrückten existenziellen Bedürfnisse nach Genuss und Sinnlichkeit Bahn.

Tadzios kokettes Spiel mit Aschenbach in der Verfilmung von Luchino Visconti (1971)

Tadzios kokettes Spiel provoziert eine nach innen gesprochene Liebeserklärung Aschenbachs

Tadzio wiederum ist sich offenbar seiner Anziehungskraft auf Aschenbach durchaus bewusst und beginnt seinerseits ein kokettes Spiel mit dem Schriftsteller (vgl. S. 94), das sich vor allem auf der Ebene gelegentlicher Blickkontakte abspielt (vgl. S. 95). In diesen Augenblicken lassen sich jedoch beide Protagonisten keine Gefühlsregungen anmerken (vgl. ebd.). Aschenbach hält diese anstrengende Selbstkontrolle schließlich nicht durch (vgl. S. 95–97): Als er an einem Abend von einer erneuten Begegnung mit Tadzio überrascht wird, zeigt er mit einem spontanen Gesichtsausdruck Freude über das Wiedersehen. Auf dieses intime Geständnis reagiert Tadzio mit einem Lächeln, das eine narzisstische[1] Persönlichkeitskomponente andeutet: Offensichtlich schmeichelt das Interesse Aschenbachs an seiner Erscheinung Tadzios Selbstbild (vgl. S. 96). Dass sich die bisher im Verborgenen entwickelnde Beziehung zwischen dem Knaben und dem alternden Schriftsteller nun plötzlich im Lächeln Tadzios der Welt offenbart, erschreckt Aschenbach und er entzieht sich der Situation durch Flucht. Aber er kann sich vor den Tatsachen jetzt nicht mehr verstecken: Auf einer Parkbank gesteht er sich schließlich seine Liebe zu Tadzio erstmals offen ein (vgl. S. 97).

Die Funktion des vierten Kapitels

Das vierte Kapitel zeigt Aschenbach auf dem Höhepunkt seines verbotenen Liebesgenusses. Um dabei nicht in offenen Konflikt mit seinen nach außen vorgetragenen Prinzipien zu geraten, veredelt er seine Schwärmerei zu Tadzio mit ästhetischen Reflexionen und mit Anspielungen auf die sinnenfrohe Welt der Antike. Dies bewahrt ihm zeitweilig die Illusion, dass seine intensive Beschäftigung mit einem Knaben mit seinem großbürgerlichen Selbstverständnis vereinbar sei. Doch hinter der Fiktion eines paradiesischen Zustands steht eine wachsende existenzielle Gefährdung: Aschenbach verlässt die Position des diskreten Betrachters und sucht verstärkt den direkten Kontakt zu Tadzio, was diesem nicht verborgen bleibt und ihn seinerseits zu einem koketten Spiel mit seinem alternden Verehrer verführt. Am Ende des Kapitels ist die großbürgerlich-anständige Fassade Aschenbachs zerbröckelt: Er gesteht sich selbst ein, dass er in den Knaben verliebt ist.

---

[1] Narzissmus: übertriebene Selbstliebe, übersteigerter Selbstbezug; Narziss war im antiken Mythos ein junger Mann, der die Liebe einer Frau zurückwies und dafür von den Göttern mit krankhafter Selbstliebe bestraft wurde. Als er sich an einer Wasserstelle in sein eigenes Spiegelbild verliebt, verfällt er dem Wahn, stirbt und verwandelt sich in eine blühende Narzisse.

Fünftes Kapitel

Aschenbachs Reaktion auf die Cholera – Bestätigung für seine persönliche Lage

In der vierten Woche seines Aufenthalts in Venedig wird Aschenbach mit dem Ausbruch der Cholera[1] konfrontiert. Er bemerkt beunruhigende Anzeichen: So verlassen vor allem deutschsprachige Touristen die Stadt (vgl. S. 97). Diesen Umstand versucht wiederum der Friseur, in auffälliger Weise gegenüber Aschenbach zu verharmlosen (vgl. S. 97–98). Darüber hinaus hat die Stadtverwaltung Venedigs erste Maßnahmen ergriffen: Aschenbach nimmt den Geruch von Desinfektionsmitteln wahr (vgl. ebd.) und erblickt Plakate mit verharmlosenden Gesundheitshinweisen (vgl. S. 98–99). Die Lektüre der Tageszeitungen (vgl. S. 99–100) macht ihm klar, warum nur Deutsche und Österreicher abreisen – die Zeitungen der anderen Nationalitäten übernehmen kritiklos die beschönigende Haltung der öffentlichen Stellen. Aschenbach reagiert dabei keineswegs besorgt auf die Cholera. Vielmehr nimmt er die Epidemie als Bestätigung für seine persönliche Lage wahr: Ebenso wie er in der Liebe zu Tadzio zusehends seine bürgerliche Fassade verliert, droht nun auch in ganz Venedig hinter den öffentlichen Leugnungen die sichere Ordnung der Stadtgesellschaft zu bröckeln.

Aschenbach als hartnäckiger Verfolger Tadzios

Selbst in akuter gesundheitlicher Gefahr ist Aschenbachs gesamtes Denken und Streben nur auf die Nähe zu Tadzio ausgerichtet. Inzwischen spekuliert er nicht mehr auf Zufallsbegegnungen, sondern er stellt dem Knaben in geradezu besessener Weise durch ganz Venedig nach (vgl. S. 100–102) und verfolgt seine Familie sogar in einen Gottesdienst in der Kirche San Marco[2], nur um ihn zu betrachten (vgl. S. 101). Tadzio wiederum ist sich während der Messe der Anwesenheit seines Verfolgers voll bewusst und

---

[1] S. Hinweis auf S. 10, Fußnote 1.

[2] Der Markusdom ist die Hauptkirche Venedigs und bildet zusammen mit dem Markusplatz das markante Zentrum der Stadt.

sucht seinerseits unverhohlen Blickkontakt zu Aschenbach (vgl. S. 101).

Venedigs „verdächtige Schönheit" (S. 104)

Sein unwiderstehliches, aber gefährliches Hingezogensein zu Tadzio spiegelt sich für Aschenbach in seiner ambivalenten Venedig-Erfahrung. Als er Tadzios Familie in einer Gondel verfolgt, erlebt er Venedig als „verdächtige Schöne" (S. 104), als „Märchen" und „Fremdenfalle" (ebd.) zugleich. So entdeckt er überall Schönheit neben Verwesung (vgl. S. 103): Blüten, die über die verfallenden Mauern der Bauten wachsen, Fensterrahmen im arabischen Stil, die sich im schmutzigtrüben Wasser spiegeln, prächtige Marmorstufen einer Kirche, die teils unter der Wasseroberfläche liegen. Diese Kontraste legen den gefährdeten Zustand Venedigs offen, der wiederum Aschenbach in seiner erotischen Jagd nach Tadzio ermutigt (vgl. S. 104).

Aschenbach zwischen ungezügeltem Liebesrausch …

Die Sehnsucht nach Tadzio zieht Aschenbach immer weiter in die Selbstzerstörung. Die Fixierung auf den Knaben beschert ihm zwar „das Glück eines […] tiefen Rausches" (S. 104), lässt ihn dabei aber die Grenzen sittlichen Verhaltens in immer riskanterer Weise überschreiten. So verharrt er eines Abends vor dem Hotelzimmer Tadzios und bleibt lange mit der Stirn gegen die Tür gelehnt (vgl. S. 104 – 105), ohne sich von der Gefahr abschrecken zu lassen, „in einer so wahnsinnigen Lage ertappt" zu werden (S. 105).

… und Momenten der Reflexion …

In Momenten des Nachdenkens erschrickt Aschenbach über seinen sittlichen Verfall, der ihn gegenüber dem Anstand und der strengen Moral seiner Vorfahren ins Unrecht setzt (vgl. S. 105). Vor seinen Vorfahren sucht er sein Handeln zu rechtfertigen, indem er zunächst seine auf Selbstdisziplin und Entsagung fußende Künstlerexistenz mit der eines Soldaten im Krieg gleichsetzt (vgl. S. 105 – 106). Anschließend verweist er auf die Antike, in der die homoerotische Praxis gerade unter Soldaten üblich gewesen sei (vgl. S. 106). Im Übrigen hält die Selbstkritik und Rechtfertigung Aschenbachs nicht lange an. Seine Konzentration gilt viel-

… und Rechtfertigung

mehr „den unsauberen Vorgängen im Inneren Venedigs“ (S. 106), die er als ermutigende Parallele zu seinem eigenen unsittlichen Streben wahrnimmt. So sucht er begierig nach den neuesten Informationen über die Ausbreitung der Cholera (vgl. S. 106 – 107) und empfindet Genugtuung, wenn er den Geschäftsführer seines Hotels zu beschönigenden Lügen über die tatsächliche Situation provozieren kann (vgl. S. 107 – 108).

Die Straßenmusiker im Zeichen von Cholera und Knabenliebe

Vier Straßenmusiker erscheinen des Abends vor dem Hotel und musizieren (vgl. S. 108). Ihre „weißbeschienenen Gesichter“ (S. 108) erwecken beim Leser den Eindruck, als handele es sich bei ihnen im übertragenen Sinne um Choleraboten, die die Tatsache der Cholera aus der Stadt bis ins Hotel der ahnungslosen Touristen tragen. Diesen Bezug auf den bevorstehenden Untergang unterstreichend nimmt Aschenbach auf der Hotelterrasse einen „Granatapfelsaft“ (S. 109) zu sich – der Granatapfel ist ein antikes Symbol für die Götter der Unterwelt. In Aschenbachs Wahrnehmung der Szenerie vermischt sich die vulgär-zweideutige Volksmusik der Musikgruppe mit seinem sinnlichen Begehren Tadzios, der ebenfalls bei der Darbietung anwesend ist (vgl. S. 109 – 110). Jedoch vermeidet Aschenbach den direkten Augenkontakt, weil er argwöhnt, die Familie Tadzios habe in der Zwischenzeit seine homoerotischen Avancen bemerkt und wolle den Knaben davor abschirmen (vgl. S. 110 – 111).

Granatapfel – antikes Symbol für Götter der Unterwelt

Der Gitarrist als Todesbote – erzählerische Klammer

Unter den Musikern fällt besonders der Gitarrist und Sänger auf, der als Soloeinlage ein populäres italienisches Lied voller zweideutiger Anspielungen vorträgt. In seiner Erscheinung – rothaarig, schmächtig in Statur und Gesicht, bekleidet mit einem Hut (vgl. S. 111), dazu ein markanter Adamsapfel sowie ein gefurchtes, bartloses Gesicht mit Stumpfnase (vgl. S. 112) – erinnert er stark an den Wanderer, dem Aschenbach auf dem Münchner Nordfriedhof begegnet ist (vgl. S. 11 – 13). Diese Wiederkehr eines Todesboten schafft nicht nur eine erzählerische Klammer in der Novelle, sondern deutet zugleich an, dass Aschenbach sich seinem eigenen Tod und damit der Bestimmung seiner Reise nähert, die mit dem erstmaligen Auftreten des Todesboten zu Beginn der Novelle begonnen hatte.

Der Gitarrist als würdeloser Künstler – Spiegelfigur Aschenbachs

Der Gitarrist erfüllt außerdem die Funktion einer Spiegelfigur zu Aschenbach, denn er verkörpert bereits das, was Aschenbach im Begriff ist, zu werden: ein Künstler ohne Würde. Seine komödiantische Kunst besteht in der frechen Darbietung anstößiger Liedtexte, mit denen er um Applaus buhlt (vgl. S. 111 – 112), um dann in unterwürfiger Weise ein geringes Entgelt von den wohlhabenden Touristen einzusammeln (vgl. S. 113). Die demütigende ökonomische Abhängigkeit des armen Künstlers zeigt sich besonders deutlich, als Aschenbach ihn direkt auf die Desinfektion der Stadt anspricht. Der Musiker ist gezwungen, die Gefahr zu leugnen (S. 113 – 114), offensichtlich weil er und die ganze Stadt auf den Tourismus als Einnahmequelle angewiesen sind. Die daraus folgende Pflicht, wider besseren Wissens zu schweigen, machen ihm die Hotelangestellten in eindringlicher Weise deutlich (vgl. S. 114). Als Ventil seiner Ohnmacht überzieht er bei einer musikalischen Zugabe die Hotelgäste mit Hohn und Spott, was diese, nichts von der Cholera ahnend, als Teil der Unterhaltung einordnen und mit Heiterkeit quittieren (vgl. S. 115 – 116).

Aschenbachs Todesahnungen

Die Eindrücke des Abends versetzen Aschenbach in nachdenkliche Stimmung. Die Beobachtung des müden Tadzio bestätigt seinen bereits an früherer Stelle (vgl. S. 66) geäußerten Eindruck, dass der Knabe „wahrscheinlich nicht alt" (S. 116) werden würde. Als Aschenbach nach dem Auftritt der Musikanten allein auf der Hotelterrasse zurückbleibt und in die Nacht hinein sinniert, erinnert er sich an eine Sanduhr aus seinem Elternhaus (vgl. S. 117 – 118), deren restlicher Sand kurz vor dem Ablaufen stets einen „Strudel" (S. 118) bildete. Der symbolische Zusammenhang mit

Aschenbachs Situation ist offenkundig: Aschenbach fühlt zum einen sein eigenes Ende nahen, zum anderen erlebt er seine Sehnsucht nach Tadzio wie einen immer stärker werdenden Strudel, dem er sich nicht entziehen kann.

Die Cholera als Spiegel der inneren Konflikte Aschenbachs

Dem Angestellten in einem englischen Reisebüro entlockt Aschenbach die Wahrheit über die sanitäre Situation in Venedig (vgl. S. 118 – 122). In den zurückliegenden Jahren habe die sogenannte „indische Cholera“ den Weg aus Indien über Asien bis nach Südeuropa gefunden. In Venedig wiederum habe nicht nur die Sommerhitze, sondern auch das Ableugnen der Gefahr und die Vertuschung erster Todesfälle durch die Behörden der Ausbreitung weiteren Vorschub geleistet (vgl. S. 119 – 120). Die im Alltag der Venezianer immer präsenter werdende Todesgefahr bestimme zunehmend auch das gesellschaftliche Zusammenleben: Die fortschreitende „Entsittlichung der unteren Schichten“ (S. 122) senke die moralischen Hemmschwellen und führe zu immer mehr Gewalttaten und Verbrechen in der Stadt. Die Herkunft der Cholera aus der „Urwelt- und Inselwildnis“ (S. 119) des Ganges spielt auf Aschenbachs Urwaldtraum (vgl. S. 13 – 14) zu Beginn der Novellenhandlung an. Entsprechend lässt sich die gesamte Choleraschilderung als Metapher für die Situation Aschenbachs lesen: Die Cholera kann gedeutet werden als Ausbruch unterdrückter Seelenkräfte, die das auf zivilisatorische Selbstkontrolle gegründete Selbstbewusstsein Aschenbachs infrage stellen. Das Leugnen bzw. Verdrängen dieser Kräfte macht ihren Einfluss aber nur noch größer.

Aschenbachs Entschluss, Tadzios Familie nicht zu warnen

Nunmehr in die tödliche Gefahr der Cholera eingeweiht, denkt Aschenbach ein letztes Mal über eine „reinigende und anständige Handlung“ (S. 123) nach, mit der er Tadzio aus seinem Leben entfernen und in seine bürgerliche Existenz zurückkehren könnte. Er erwägt die Möglichkeit, Tadzios Familie zu warnen und zur Abreise zu bewegen, doch nimmt er davon rasch wieder Abstand (vgl. ebd.). In ihm

Aschenbachs Beziehung zu Tadzio, dargestellt mit den Mitteln des Comics von Simon Schwartz (2015)

überwiegt klar der schon am Münchner Nordfriedhof gefasste Entschluss, sich auf die Suche nach der Erfüllung seiner inneren, unterdrückten Bedürfnisse zu machen (vgl. S. 123 – 124), eine Rückkehr in sein altes Leben „widert[e]" (S. 124) ihn geradezu an. Stattdessen bestärkt ihn die sich auflösende Ordnung in Venedig darin, seine homoerotischen Fantasien ungehemmt ausleben zu können (vgl. ebd.).

Aschenbachs Traum vom „fremde[n] Gott" (S. 125) …

In der folgenden Nacht durchlebt Aschenbach einen verstörenden Traum (vgl. S. 125 – 127). Dieser handelt von einem nächtlichen, wild-orgiastischen Opferfest, das eine entfesselte Horde Männer, Frauen und Knaben für einen „fremde[n] Gott" (S. 125) feiert. Die mit enthemmtem Tanz und wilder Musik Feiernden führen nicht nur Tiere wie Ziegenböcke und Schlangen mit sich, sondern sie erinnern selbst in vielerlei Hinsicht an Tiere: Ihre Kleidung besteht aus Fellen, sie geben fremdartige Laute von sich und werden vom Erzähler als „Schwarm" und „tobende Rotte" (S. 125) bezeichnet. Mittelpunkt des schamlosen Treibens ist eine riesige, zunächst verhüllte Phallus-Statue aus Holz, deren Enthüllung das wollüstige Treiben immer mehr anheizt. Den Höhepunkt des Fests bildet eine „grenzenlose Vermischung" (S. 127), ein völliges Durcheinander, in dem blutrünstige Tieropfer dem phallischen Götzen geopfert werden und die Feiernden sich ihm unterwerfen.

… und seine Deutung

Der Traum steht in engem Zusammenhang mit Aschenbachs existenzieller Situation. Darauf deutet zunächst einmal die bergige Szenerie hin, die den Schriftsteller an sein Sommerhaus im Gebirge (vgl. S. 125 und S. 17) erinnert. Aber noch viel mehr ist Aschenbach selbst Teil der Orgie, die ihn zum Götzendienst lockt (vgl. S. 126). „Redlich" versucht er, „das Seine zu schützen gegen den Fremden" (ebd.), aber schließlich ergibt er sich dem „hinreißende[n] Wahnsinn" (ebd.) der sexuellen Enthemmung – ebenso wie Aschenbach in Venedig, der seine bürgerliche Fassade erfolglos gegen seine erotischen Wünsche aufrechtzuerhalten sucht. Als Aschenbach aus dem Traum erwacht, ist er dann auch in der Realität endgültig dem Dämon verfallen, der für schrankenloses Ausleben der Sexualität ohne moralische Grenzen steht. Der Erzähler fasst die Bedeutung des Traums dahingehend zusammen, dass die Ereignisse des Traums Aschenbachs „Existenz, […] die Kultur seines Lebens verheert, vernichtet" (S. 125) hätten. Der angesehene Bildungsbürger Aschenbach ist am Ende.

Aschenbachs endgültige Absage an Scham und Diskretion

Von nun an ist gesellschaftliches Ansehen für Aschenbach irrelevant (vgl. ebd.) und er stellt Tadzio am Strand und in der Stadt ganz offen nach, ohne noch weiter zu fürchten, dass er auffällt. Dafür bildet Venedig ein geradezu ideales Umfeld: Die vom Seuchentod gezeichnete und sich von Touristen immer mehr leerende Stadt (vgl. S. 127–128) lässt in den Augen Aschenbachs moralische Gesetze wirkungslos und das „Ungeheuerliche" (S. 128) seines verbotenen Strebens Erfolg versprechend erscheinen.

Die Leidenschaft zu Tadzio macht Aschenbach um seine eigene Attraktivität besorgt. In der Angst, vor den Augen des

Künstliche Verjüngungsmaßnahmen – Selbstaufgabe Aschenbachs

Jünglings nicht bestehen zu können, „ekelte ihn sein alternder Leib“ (S. 128), weshalb er zu kosmetischen Mitteln greift. Vom Hotelfriseur lässt er sich nicht nur seine ergrauten Haare wieder schwarz färben, sondern auch das Gesicht schminken, sodass er geradezu wie ein „blühende[r] Jüngling“ (S. 130) aussieht. Aschenbach verlässt zufrieden den Friseur. Er bemerkt aber nicht, dass er mit seinen rot geschminkten Wangen, der roten Krawatte und seinem breiten Hut (vgl. S. 130 – 131) nunmehr dem falschen Jüngling gleicht, dessen aufgesetzte und überdrehte Art ihn bei der Überfahrt nach Venedig noch abgestoßen hatte (vgl. S. 35). Das Ereignis beim Friseur zeigt die Selbstaufgabe Aschenbachs, der nun sogar bereit ist, seine gesamte äußere Erscheinung seinem Bedürfnis, einem Knaben zu gefallen, unterordnet.

Bedrohliche Wetterstimmung

Die dazu aufkommende Wetterstimmung (vgl. S. 131) deutet darauf hin, dass die Erzählung auf ihr Ende zusteuert. Der „aufkommende Sturmwind“ (ebd.) bringt keinen reinigenden Regen, sondern schwülfeuchte, faulige Luft, in der sich der drohende Untergang Aschenbachs geradezu verdichtet. Die Windgeräusche lassen Aschenbach an das wilde Treiben von abstoßenden „Windgeistern“[1] (ebd.) denken, die sich an den Lebensmitteln der Menschen vergreifen und den Appetit vergehen lassen. Tatsächlich hat Aschenbach in der feuchten Hitze kaum das Bedürfnis zu essen, zumal er Nahrungsmittel als Überträger der Cholera eher meidet.

Aschenbachs Orientierungslosigkeit

Im Strudel der Entwicklungen verliert Aschenbach immer mehr die existenzielle Orientierung. Dies wird erzählerisch greifbar in seinem Umherirren im „Labyrinth“ (S. 131) Venedig. In diesem Gewirr von Gassen, Gebäuden und Brü-

[1] Thomas Mann meint damit die sogenannten „Harpyien“ – räuberische Dämonen aus der griechischen Sagenwelt, die aus einem Vogelkörper und einem Frauenkopf bestehen und es auf menschliche Nahrung abgesehen haben.

cken stellt Aschenbach Tadzio und seiner Familie nach. Der Knabe wiederum zeigt mit wohldosierten verführerischen Blicken gegenüber Aschenbach, dass er inzwischen die stärkere Position in der geheimen Beziehung der beiden einnimmt, während Aschenbach als unterlegener Part „am Narrenseile geleitet von der Passion" (S. 132) wird. Schließlich verliert der desorientierte und körperlich und seelisch sichtlich erschöpfte Aschenbach die Spur der Familie und bleibt entnervt zurück (vgl. ebd.).

Aschenbach wird Opfer der Cholera

Der zerrüttete Zustand Aschenbachs wird anhand sehr konkreter körperlicher Symptome beschrieben – der brennende Kopf, der auf der Haut klebende Schweiß, der zitternde Nacken sowie der quälende Durst (vgl. S. 132) lassen ihn sich nach einer Erfrischung sehnen. Deshalb verzehrt er eine Portion Erdbeeren (vgl. S. 132–133), die als „überreife" (S. 133) Früchte auf Aschenbachs baldigen Tod vorausdeuten – die am ersten Strandtag genossenen Erdbeeren waren noch „vollreif" (S. 65) gewesen. An diesen Erdbeeren jetzt infiziert Aschenbach sich wahrscheinlich mit der Cholera, da er im weiteren Verlauf kraftlos an den Stufen eines Brunnens zusammensinkt[1] (vgl. S. 133). Die einsame Szenerie des kleinen Platzes inmitten der Stadt trägt vielfach Zeichen des Verfalls: Es herrscht Stille, Gras überwächst das Pflaster, Abfall liegt herum, die Häuser sind heruntergekommen, außerdem riecht es nach Desinfektionsmitteln (vgl. ebd.).

Aschenbachs Bilanz des Abstiegs

Der sitzende Aschenbach macht mit seiner statischen Körperposition deutlich, dass er am Ende seines Wegs angelangt ist. Dieser Lebensweg wird vom Erzähler in einem aus nicht weniger als 116 Einzelwörtern komponierten Satzgefüge bilanziert. Auf den ersten Blick wird lediglich die im zweiten Novellenkapitel geschilderte Autorenkarriere

[1] Zwischen einer Cholera-Infektion und dem Auftreten erster Symptome liegen unter Umständen nur wenige Stunden.

Aschenbachs zusammengefasst. Bei näherer Betrachtung der sprachlichen Feinheiten wird jedoch deutlich, dass es dem Erzähler nicht um die äußere Erfolgsgeschichte, sondern um die inneren Brüche in Aschenbachs Entwicklung geht. Das Stilmittel der Wahl besteht in feinen Modifizierungen gängiger sprachlicher Wendungen. So bezeichnet der Erzähler Aschenbach als „würdig gewordene[n] Künstler" und nicht etwa als „würdevolle[n] Künstler", womit er den aufgesetzten Charakter des Aschenbach'schen Selbstbilds herausstreicht. In gleicher Weise legt die Formulierung „der Hochgestiegene" (S. 133) – anstelle von „der Aufgestiegene" – die Haltung stolzen Hochmuts nahe. Die Abwendung Aschenbachs von den Idealen seiner Jugendzeit lässt eher an eine Inszenierung als an eine innere Umkehr denken: Aschenbach hat „dem Zigeunertum […] die Sympathie gekündigt" (ebd.), was an einen interessegeleiteten Geschäftsakt erinnert. Das von ihm errungene gesellschaftliche Ansehen wiederum wird ebenfalls mit subtilen sprachlichen Mitteln unterlaufen: Aschenbachs „Ruhm" ist „amtlich" (ebd.) und damit in erster Linie von oben legitimiert und die „Knaben" (ebd.), die in Wirklichkeit Bezugspunkt der Homosexualität Aschenbachs darstellen, wurden dazu „angehalten" (ebd.), sich an seinem Stil zu bilden.

Eros als Schicksal des Künstlers

Am Brunnen sitzend bezieht sich Aschenbach mit seinen Gedanken auf den zwischen Sokrates und Phaidros geführten Dialog über die Schönheit aus dem vierten Novellenkapitel (vgl. S. 85–86). Ausgelöst von der existenziellen Erschütterung durch die Begegnung mit Tadzio zieht er einen philosophischen Schlussstrich unter seine bisherige Existenz als würdevoller Erfolgsschriftsteller. Seine „Meisterhaltung" (S. 134) als Stilist verwirft er nunmehr als „Lüge und Narrentum" (S. 134–135) und seinen gesellschaftlichen „Ruhm" als „Posse" (S. 135). Vor allem aber verdammt er seine frühere Haltung des Volkserziehers als „zu verbietendes Unternehmen“ (ebd.). Als Künstler sei er ungeeignet zur Erziehung, denn er verfalle unweigerlich dem Eros, sein Weg führe damit zwangsläufig in den „Abgrund“ (ebd.).

Abschiedsstimmung in Venedig

Im Hotel erfährt Aschenbach von der bevorstehenden Abreise Tadzios und seiner Familie. Ein letztes Mal sucht er den polnischen Knaben am Meer. Dort herrscht inzwischen eine Atmosphäre von „Überlebtheit“ (S. 136): Der vormals einladende Strand wirkt „unwirtlich“ (ebd.) und ungepflegt, es geht ein kalter Wind (vgl. S. 137) und das schwarze Abdecktuch eines verlassen herumstehenden Fotoapparats (ebd.) gemahnt an Trauer und Tod. Auch die Strandspiele der Knaben laufen aus dem Ruder: Bei einer Rangelei wird Tadzio von einem Spielkameraden ungewöhnlich hart angefasst (vgl. S. 137 – 138).

Tadzio als lockender Todesbote für Aschenbach

Erschüttert durch den Vorfall entfernt sich Tadzio von der Gruppe und schreitet ins Wasser. Und wie Tadzio im vierten Kapitel gleichsam wie eine göttliche Erscheinung aus dem Wasser steigt (vgl. S. 64), bewegt er sich nun wiederum wie eine mythologische Gestalt ins Meer hinein und damit ins „Nebelhaft-Grenzenlose[]“ (S. 139), also in einen Zustand, in dem die Grenzen der eigenen Existenz zurückgelassen werden. Der durch die Cholera erheblich geschwächte Aschenbach meint einen Blick und ein Winken Tadzios wahrzunehmen, das er als Einladung deutet, ihm ins „Verheißungsvoll-Ungeheure“ zu folgen. Tatsächlich wird Aschenbach in seinem Strandstuhl ohnmächtig und verstirbt noch am gleichen Tag.

Die Funktion des fünften Kapitels

Das fünfte Novellenkapitel erzählt von Aschenbachs endgültigem Untergang, der durch die Handlung in den vorangegangenen Kapiteln vorbereitet wird. Aschenbach hat sich von den seiner großbürgerlich-ehrenwerten Identität geschuldeten moralischen Beschränkungen verabschiedet und sucht jetzt immer schamloser die Nähe zu Tadzio. Motivierender Hintergrund ist die Cholera-Epidemie, die das geordnete gesellschaftliche Zusammenleben in Venedig zunehmend kollabieren lässt und Zügellosigkeit fördert. Doch Aschenbachs Weg in die Entgrenzung befreit keineswegs seine Existenz, sondern führt ihn in den Tod. Die ersehnte Vereinigung mit Tadzio erfüllt sich nicht.

Aschenbach am Strand in der Verfilmung von Luchino Visconti (1971)

Hintergründe

Das Leben Thomas Manns

Herkunft und frühe Jahre

Thomas Mann, geboren am 6. Juni 1875 in Lübeck als zweiter Sohn der Eheleute Mann, stammte aus einer hoch angesehenen und wohlhabenden Kaufmannsfamilie. Die Hansestadt Lübeck bildete im damaligen Deutschen Reich einen Stadtstaat mit einer eigenen Regierung, dem Senat. Thomas Manns Vater, der Geschäftsmann Thomas Johann Heinrich Mann, war als Mitglied des Senats ein einflussreicher Politiker in Lübeck. Thomas Manns Mutter Julia, geborene da Silva-Bruhns, wuchs zunächst in Brasilien als Tochter eines aus Lübeck stammenden reichen Plantagenbesitzers und einer portugiesischen Mutter auf. Erst mit sieben Jahren, nach dem Tod ihrer Mutter, wurde sie vom Vater nach Lübeck gebracht. Sie war musikalisch, humorvoll, kreativ und strahlte eine exotische Exklusivität aus, die ih-

Thomas Mann als Kind inmitten seiner Geschwister Heinrich, Carla und Julia (v. links) (um 1887)

ren Sohn Thomas faszinierte. Mit ihren anschaulichen Schilderungen eigener Erlebnisse legte sie wohl den Grundstein für seine Erzählfreude, für die detailgenauen Beobachtungen und ausgefeilten Charaktere in seinem literarischen Schaffen.

Grunderfahrungen im Leben Thomas Manns

Mit dem Tod des Vaters im Herbst 1891 wurde offenbar, dass die geschäftlichen Erfolge des Familienunternehmens seit Längerem ausgeblieben waren. Für den sechzehnjährigen Thomas bedeutete der Tod seines Vaters neben dem persönlichen Verlust eine prägende Erkenntnis über das Leben. Das Bewusstsein der Sterblichkeit und die Allgegenwart des Todes scheinen auch in seinem Werk immer wieder durch. Überhaupt blieben Thomas Manns großbürgerliche Herkunft und die damit verbundenen Grundsätze für ihn lebens- und werkbestimmend. Und obwohl der „hartnäckige Villenbesitzer"[1] (Hermann Kesten) sich nie davon lösen konnte, wurde er doch auch ein Kritiker dieser bürgerlichen Traditionen. Der Spannungsbogen zwischen Bürgerlichkeit und Künstlertum bestimmte so seine künftige Arbeit als Schriftsteller.

Umsiedlung nach München

Die Witwe Julia Mann übersiedelte mit ihren drei jüngsten Kindern 1893 nach München, Thomas folgte ihm ein Jahr später. Der Vater hatte die Firma so abgewickelt, dass seinen Hinterbliebenen ein standesgemäßes Einkommen gesichert war. Dennoch trat Thomas Mann zunächst in den Dienst einer Feuerversicherungsgesellschaft mit dem Ziel, einen bürgerlichen Beruf zu erlernen. Nachdem aber erste literarische Erzählungen von ihm veröffentlicht und positiv aufgenommen worden waren, schied er aus dem für ihn unbefriedigenden Ausbildungsverhältnis aus. Im Herbst 1896 reiste er zu seinem älteren Bruder Heinrich für ein Jahr nach Italien. In dieser Zeit begann er mit der Arbeit an

Beginn der literarischen Karriere

[1] Hermann Kesten: Meine Freunde, die Poeten, Zürich: Atrium 2006, S. 51

Roman „Buddenbrooks“

Bedeutung Leo Tolstois

seinem ersten großen Roman „Buddenbrooks. Verfall einer Familie“. Währenddessen beschäftigte er sich auch mit der Erzähltechnik Leo Tolstois[1]. Die Verknüpfung von Erzählungen durch ein Leitmotiv sowie die Bedeutung von Details hat Mann wohl unter anderem an Tolstoi studiert. Auch in der biografischen Ausrichtung seiner Arbeiten sah er sich bei dem großen russischen Autor bestätigt: Tatsächlich steckt in jedem Werk Thomas Manns ein Stück seines Lebens oder seiner Person. Zusammen mit Goethe war Tolstoi damit lebenslang ein schriftstellerisches Vorbild.

Aufstieg zu gesellschaftlichem Ansehen

In München arbeitete Mann zunächst als Lektor und Redakteur bei der Zeitschrift „Simplicissimus“. Im August 1900 vollendete er den Roman „Buddenbrooks“, der ein Jahr später veröffentlicht wurde und zu einem außerordentlichen Erfolg wurde. Thomas Mann fand damit zu seinem Hauptberuf als Schriftsteller und erhielt Zugang zu den geistig-kulturellen Kreisen Münchens. Ein bedeutendes Zentrum dieser Gesellschaft war zu dieser Zeit das Palais der Familie Pringsheim in der Arcisstraße. Alfred Pringsheim war Professor für Mathematik an der Universität, sein großes Vermögen hatte er ererbt. Mann lernte bei Pringsheim dessen Tochter Katia (Katharina Hedwig) (1883 – 1980), eine kluge und gebildete junge Frau (im Gegensatz zu Thomas hatte sie Abitur), kennen. Ihre Mutter Hedwig Pringsheim war die Tochter der bekannten Frauenrechtlerin und Schriftstellerin Hedwig Dohm (1831 – 1919) und repräsentierte in der Familie den künstlerisch-literarischen Teil. Sie hatte wohl auch schon früh Thomas Manns Bedeutung innerhalb der literarischen Szene der Zeit erkannt. Am 11. Februar 1905 heirateten Thomas Mann und Katia. Ihr Sohn Klaus beschrieb die Ehe der beiden später als „ein Bündnis zwischen zwei Einsamen und Empfindli-

[1] Leo Nikolajewitsch Tolstoi (1828 – 1910): russischer Schriftsteller, dessen Romane Meisterwerke des realistischen Erzählens sind

chen, die gemeinsam einen Kampf zu bestehen hofften, dem jeder für sich vielleicht nicht gewachsen wäre"[1]. Katia übernahm in Haushalt und Leben der Manns die Organisation: Sie entlastete ihren Mann von geschäftlichen Dingen und hielt ihm damit den Rücken frei für seine tägliche literarische Arbeit.

Die Inspiration zur Novelle „Der Tod in Venedig"

Nach dem „Buddenbrooks"-Erfolg ging Thomas Mann auf Suche nach neuen literarischen Stoffen, dabei stets angetrieben von dem Wunsch, Spiegelbilder seiner eigenen Existenz zu finden. In diese Zeit fallen unter anderem die Arbeiten an der Novelle „Der Tod in Venedig". Die ersten Inspirationen fand Mann im Frühling 1911, als er mit seiner Frau eine Reise an die Adria und dabei auch nach Venedig unternahm. In dieser Novelle zeigt sich deutlich, auf welche Weise Mann autobiografische Erlebnisse in seinen Werken verarbeitete, denn nach eigener Aussage war in der Novelle „Der Tod in Venedig" nichts erfunden, „alles war gegeben, war eigentlich nur einzustellen und erwies dabei aufs Verwunderlichste seine kompositionelle Deutungsfähigkeit"[2]. Dies unterstreichen die Erinnerungen Katia Manns an die Reise. Sie führt verschiedene Details der Novelle auf reale Erfahrungen zurück: So wurde Thomas Mann offenbar vom damals vierzehnjährigen Wladyslaw Baron Moes, mit seiner Fa-

Baron Wladyslaw Moes als Kind (l. M.)

[1] Zit. nach Schröter, Thomas Mann, S. 90
[2] Bahr, Tod in Venedig, S. 119

Das Grand Hotel des Bains am Lido (Foto um 1920) beherbergte Thomas Mann und seine Frau Katia während ihres Venedig-Urlaubs.

milie ebenfalls Gast im Hotel des Bains auf dem Lido, zur Figur des Tadzio inspiriert. Katia Mann schildert auch offen die Faszination, die der polnische Knabe auf ihren Gatten ausübte. Darüber hinaus berichtet Katia Mann von der Begegnung mit einem greisen Geck auf der Anreise, von einem Gondelfahrer ohne Konzession und von Cholera-Fällen in Venedig. Die Bedeutung des Venedig-Urlaubs für die Erzählung fasst sie folgendermaßen zusammen: „In seinen Einzelheiten ist also alles erlebt, aber niemand außer Thomas Mann hätte wohl daraus diese Geschichte vom ‚Tod in Venedig' machen können. Mein Mann hat das Wohlgefallen, das er tatsächlich an diesem sehr reizvollen Jungen empfand, auf Aschenbach übertragen und zu äußerster Leidenschaft stilisiert."[1]

Die Entstehungszeit der Novelle

Auf der Rückreise von Italien begann Mann bei einem Zwischenstopp im familieneigenen Landhaus bei Bad Tölz im Sommer 1911 mit den Arbeiten an der Novelle, die er ein Jahr später abschloss. Einem Bekannten schrieb er: „Ich bin an der Arbeit: eine recht sonderbare Sache, die ich aus Venedig mitgebracht habe, Novelle, ernst und rein im Ton,

[1] Mann, Katia, Memoiren, S. 73

einen Fall von Knabenliebe bei einem alternden Künstler behandelnd. Sie sagen ‚hum, hum!' aber es ist sehr anständig."[1] Zum besseren Verständnis der Bemerkung Manns über die Rezeption der Knabenliebe muss berücksichtigt werden, dass Homosexualität in Deutschland nicht nur in weiten Kreisen der Gesellschaft verpönt war, sondern bis 1969 überdies strafrechtlich verfolgt wurde. Zwischen 1906 und 1909 beschäftigten sich deutsche Gerichte sogar mit angeblichen homosexuellen Beziehungen in allerhöchsten, kaisernahen Regierungskreisen. Für Thomas Mann hatte die Bewunderung von perfekten jungen männlichen Körpern einen ästhetischen und auch künstlerischen Aspekt. Dabei sah er sich in der Tradition eines antiken Schönheitsideals, in der Neuzeit wiederbelebt von Künstlern wie Michelangelo (1475 – 1564), Shakespeare (1564 – 1616) und Goethe.

Manns Haltung zum Ersten Weltkrieg

Noch vor Ausbruch des Ersten Weltkriegs (1914 – 1918) zog die bereits auf vier Kinder angewachsene Familie 1914 in ein großes Haus in der Poschinger Straße in München.
Obwohl Thomas Mann fürchtete, dass ihn der Krieg in den finanziellen Ruin treiben würde, brachte er zunächst ein

Das Thomas-Mann-Haus in der Münchner Poschingerstraße, heutiger Zustand

[1] Zitiert nach Bahr, Tod in Venedig, S. 120

gewisses Verständnis für die Kriegsbefürworter auf. In dieser Haltung unterschied er sich deutlich von derjenigen anderer Literaten der Zeit, auch von der seines Bruders Heinrich, mit dem in der Folge der Kontakt zeitweilig ganz abbrach. Nach dem Krieg distanzierte er sich von seiner Sichtweise und wandelte sich zu einem glühenden Vertreter der demokratischen Ideale der Weimarer Republik. Er wurde sogar Mitglied der Deutschen Demokratischen Partei und engagierte sich für die Paneuropa-Union, eine 1922 gegründete und bis heute wirkende politische Bewegung zur Unterstützung der europäischen Einigung. Humanität erklärte er zum obersten Ideal und machte dies auch zum Thema in seinem 1924 veröffentlichten Roman „Der Zauberberg“. Zudem engagierte er sich als Gründungsmitglied der Sektion Dichtkunst der Preußischen Akademie der Künste und arbeitete in einem von der Stadt München eingesetzten Komitee zur Förderung der Literatur. Als die Macht der Nationalsozialisten Ende der Zwanzigerjahre größer wurde, verlor der NS-kritische Thomas Mann jedoch immer mehr an Einfluss im literarischen Leben Deutschlands. Dafür gewann er an internationalem Renommee: 1929 erhielt er in Anerkennung für seinen Roman „Buddenbrooks“ den Literaturnobelpreis.

Mitglied der DDP nach dem Ersten Weltkrieg

Roman „Der Zauberberg“

Literaturnobelpreis 1929

Thomas Mann und seine Ehefrau Katia, um 1928

Exil in Europa

Anfang der Dreißigerjahre positionierte sich Thomas Mann in der sogenannten „Deutschen Ansprache“, einer am 17. Oktober 1930 in Berlin gehaltenen politischen Rede, sehr deutlich gegen die Nationalsozialisten. Als Hitler am 1. März 1933 zum Reichskanzler ernannt wurde, kehrte Mann, der zu diesem Zeitpunkt auf Vortragsreise im Ausland war, auf Anraten seiner Kinder nicht mehr nach Deutschland zurück. Nach einer kurzen Exilstation im französischen Sanary-sur-Mer, wo sich einige von den Nazis verfolgte deutsche Schriftsteller – auch Heinrich Mann – aufhielten, nahm die Familie Wohnsitz in der Schweiz, in Küsnacht bei Zürich. Thomas Manns deutscher Pass war abgelaufen, einen neuen zu beantragen wäre nur in Deutschland möglich gewesen, wo aber ein Haftbefehl gegen ihn vorlag. Wegen seiner großen Bekanntheit waren ihm trotzdem Reisen u. a. in die USA möglich, allerdings unter erschwerten Umständen. 1936 erhielt das Ehepaar Mann auf Antrag die tschechische Staatsbürgerschaft und wurde deshalb aus Deutschland ausgebürgert.

Übersiedlung in die USA

Zeitgleich mit dem „Anschluss“ Österreichs 1938 an das Deutsche Reich siedelten die Manns endgültig in die USA um. Dort lebten sie zunächst an der Ostküste, in Princeton, wo Thomas Mann an der dortigen Universität eine Gastprofessur erhielt. Seine internationale Berühmtheit bewahrte ihn vor dem Schicksal vieler anderer Exilschriftsteller, kein Einkommen und keine Aufgabe zu haben. Mit dem Ausbruch des Zweiten Weltkriegs (1939 – 1945) begann Thomas Mann, sich für die Unterstützung von Emigranten zu engagieren. Ab Herbst 1940 erstellte er monatliche Beiträge unter dem Titel „Deutsche Hörer!“, die die Britische BBC über Langwelle in Deutschland sendete. Darin versuchte er, seinen Hörern das wahre Gesicht der nationalsozialistischen Machthaber aufzuzeigen. 1941 zog die Familie Mann von der Ostküste an die Westküste der USA, nach Pacific Palisades in der Nähe von Los Angeles. In diesen Jahren gelangen

Thomas Mann wichtige Romanwerke, u. a. „Lotte in Weimar“ und „Doktor Faustus“. Die amerikanische Staatsbürgerschaft erhielten die Manns 1944.

Thomas Mann in seinem Arbeitszimm in Pacific Palisades (Kalifornien), 194

Rückkehr nach Europa

Weil Thomas Mann sich 1951 in den USA wie auch andere deutsche Exilschriftsteller vor dem parlamentarischen „Komitee für unamerikanische Umtriebe“ gegen die Verdächtigung wehren musste, ein Sympathisant des stalinistischen Kommunismus zu sein, beschloss die Familie Mann sechs Jahre nach Kriegsende, nach Europa zurückzukehren. Die Wahl fiel auf den Ort Kilchberg am Zürichsee in der Schweiz. Von dort unternahm Mann einige Reisen nach West- und Ostdeutschland und bekam neben etlichen Auszeichnungen auch die Ehrenbürgerwürde der Stadt Lübeck. Am 12. August 1955 verstarb Thomas Mann mit 80 Jahren und wurde auf dem Friedhof in Kilchberg beigesetzt.

Die Künstlerproblematik in der Novelle

Apollinisches versus dionysisches Künstlertum …

Thomas Mann beschäftigt sich in seinen Werken immer wieder mit der Problematik des Künstlers. In der Novelle „Der Tod in Venedig“ setzt er sich in besonderer Weise mit den einer Künstlernatur innewohnenden Gefährdungen am Beispiel Gustav Aschenbachs auseinander. Dabei legt er dem inneren Konflikt seiner Hauptfigur eine auf die Philosophen Friedrich Schelling[1] und Friedrich Nietzsche[2] zurückgehende Künstlertypologie zugrunde. Die beiden Denker unterscheiden eine apollinische (nach Apoll, dem griechischen Gott der Klarheit und der Mäßigung) und eine dionysische (nach Dionysios, dem Gott des Rausches und der Maßlosigkeit) Ästhetik. Der ersteren entspricht die Suche nach Form und Ordnung, die zweite sucht Entgrenzung und Auflösung in einem rauschhaften Schöpfungsdrang.

… dargestellt in Gustav Aschenbach

Gustav Aschenbach repräsentiert beide Typen. Als würdevoller Schriftsteller steht er für klassizistische Ordnung in seinen Werken und für einen disziplinierten, konformen Lebenswandel. Das Aufbrechen der unterdrückten erotischen Triebe in Aschenbach bewirkt den Umschlag in eine dionysische Existenzform. Aschenbach verliert immer mehr seine Würde und sein geordnetes Dasein, berauscht sich an neuen existenziellen Möglichkeiten und verliert sich schließlich in der von der Cholera vergifteten Atmosphäre Venedigs, bis er im Tod die endgültige Auflösung seiner Identität erfährt. Aschenbach scheitert also letztlich sowohl als apollinischer wie auch als dionysischer Künstler. Thomas Mann zieht damit im Grunde ein hartes Fazit:

Fazit: unsichere Existenzform für eine echte Künstlernatur

Eine echte Künstlernatur findet weder auf die eine noch auf die andere Weise eine sichere Existenzform und bleibt deshalb dem Wesen nach stets gefährdet.

Literarhistorische Bezüge der Novelle

Europäisches Krisenempfinden …

Neben der literarischen Verarbeitung des philosophischen Gegensatzes von apollinischem und dionysischem Künstlertyp verdichtet Thomas Mann in Gustav Aschenbach

[1] Friedrich Wilhelm Joseph Schelling (1775 – 1854): deutscher Philosoph der Romantik

[2] Friedrich Nietzsche (1844 – 1900): deutscher Philosoph

außerdem literaturhistorische Zusammenhänge. So war das geistige Leben Europas der Jahrhundertwende von einem tief empfundenen Krisengefühl und der Erwartung umfassender Umwälzungen geprägt.

... in der Politik ...

Die Zweifel am Fortbestand der überkommenen Ordnung wurden zunächst einmal durch die politische Entwicklung genährt: Mit Beginn des 20. Jahrhunderts zog der bedrohliche Schatten des kriegerischen Nationalismus über dem Kontinent auf. Als besonders anfällig erwies sich dabei die österreichisch-ungarische Doppelmonarchie, deren Zusammenhalt durch die nationalistischen Bewegungen in den zahlreichen Völkerschaften des Reichs im Kern erschüttert wurde. Nicht zufällig also dürfte Thomas Mann Venedig, damals noch Teil des Habsburgerreichs, als Schauplatz der Novelle gewählt haben.

... und in der Geisteswelt

Wien, die Hauptstadt des Vielvölkerstaats, war nicht nur aus politischen Gründen ein Hauptort der Untergangsstimmung: Hinzu traten zivilisatorische Auflösungserscheinungen, die in der innerlich maroden k.u.k.-Monarchie besonders intensiv zu greifen waren. Der aus dem Habsburgerreich stammende Rainer Maria Rilke[1] thematisiert pychologische Zersetzungsprozesse, wenn er in den „Aufzeichnungen des Malte Laurids Brigge“ die fortschreitende Ich-Dissoziation der Hauptfigur, also die Auflösung ihrer Identität, beschreibt. Die Parallelen zu Aschenbach, dessen Identität im Laufe der Novelle immer weiter auseinanderfällt, ist offensichtlich. Der Wiener Hugo von Hofmannsthal[2] wiederum artikuliert in seinem „Chandos-Brief“ seine grundsätzliche Verzweiflung an der Ausdrucksfähigkeit der menschlichen Sprache – Indikator also für eine Schöpferkrise, an der auch Aschenbach leidet.

[1] Rainer Maria Rilke (1875–1926): österreichischer Lyriker
[2] Hugo von Hofmannsthal (1874–1929): österreichischer Dramatiker und Lyriker

Die Psychoanalyse Freuds

Eine epochemachende Wirksamkeit entfaltete der Wiener Sigmund Freud[1] mit seiner Theorie der Psychoanalyse, der zufolge unter der dünnen Oberfläche des menschlichen Bewusstseins ein Potenzial triebhafter Seelenkräfte vorhanden ist. Dieses sogenannte „Es“ manifestiert sich nicht nur in nächtlichen Träumen, sondern kann auch jederzeit zum Ausbruch kommen. In der Existenz dieser irrationalen Elemente, die sich laut Freud einer Beherrschbarkeit durch das „Ich“ entziehen, zeigt sich die Erosion der für das europäisch-abendländische Denken bis dahin unumstrittenen Annahme einer freien, selbstverantwortlichen Persönlichkeit. Es ist bekannt, dass sich Thomas Mann mit den Theorien Freuds auseinandergesetzt hat. In der Novelle „Der Tod in Venedig“ lassen sich gewisse Hinweise auf diese Auseinandersetzung identifizieren. Dabei spiegelt nicht nur die besondere Bedeutung der Träume für Gustav Aschenbach die Weltsicht Freuds auf literarischer Ebene wider. Auch der zentrale Konflikt der Novelle lässt sich im Sinne Freuds deuten: So gelingt es Aschenbach nicht, die Ansprüche des „Über-Ich“, also seine Identität als vorbildlicher Repräsentant bürgerlicher Werte, mit den Ansprüchen des „Es“ im „Ich“, also seine homoerotischen Neigungen, in Einklang zu bringen. Konsequenterweise rechtfertigt Aschenbach sein erotisches Verlangen nach Tadzio mit künstlerischem Interesse an der Schönheit – Sigmund Freud sähe darin eine Sublimierung, also eine Umwandlung des gesellschaftlich geächteten pädophilen Begehrens in sozial akzeptiertes Denken und Handeln.

Das „Fin de Siècle“ …

Insgesamt lässt sich festhalten, dass in weiten Kreisen der europäischen Intellektuellen die Erwartung vorherrschte, das alte Europa habe sich überlebt und müsse seines baldigen Zusammenbruchs gewärtig sein. Die Literatur griff die-

[1] Sigmund Freud (1856 – 1939): österreichischer Neurologe, Psychologe und Kulturphilosoph

se Rede vom Ende des europäischen Bürgertums unter dem Schlagwort des „Fin de Siècle" („Ende des Jahrhunderts") auf. Der wichtigste Leitbegriff dieses Niedergangs wurde schon von den Zeitgenossen in der „Dekadenz" gesehen, mit der man eine kulturelle Atmosphäre der inneren Müdigkeit, des Verfalls sowie der melancholischen Todessehnsucht assoziierte. Literarisch verarbeitet wird diese Dekadenz-Erfahrung zum Beispiel in den Werken Arthur Schnitzlers[1] oder Stefan Zweigs[2] oder eben auch in Thomas Manns Novelle „Der Tod in Venedig", ein Werk, das von der morbiden, also vom Verfall gekennzeichneten Stimmung in Venedig geprägt ist. Auch Tadzio erscheint in seiner Zerbrechlichkeit als Figur des „Fin de Siècle".

... und die Gegenbewegung des Neoklassizismus

Der Verfall der bürgerlichen Identität wurde jedoch nicht von allen Literaten widerstandslos hingenommen: Die Neuklassik versuchte in ausdrücklicher Abgrenzung zum „Fin de Siècle" eine Renaissance des Kunstideals der Klassik und der damit eng verknüpften bürgerlichen Identität. Heutzutage eher unbekannte Autoren wie Paul Ernst[3], der seine Vorstellungen zu Beginn des 20. Jahrhunderts unter dem Titel „Der Weg zur Form" präzisiert hatte, oder auch der wegen seiner antisemitischen Tendenzen heutzutage umstrittene Wilhelm von Scholz[4] schufen Werke, die einer vorbildlichen äußeren Form ebenso verpflichtet waren wie auch der Bewahrung eines geschlossenen bürgerlichen Weltbilds. Allerdings blieben diese Wiederbelebungsversuche der Klassik letztlich ohne nachhaltige Wirkung auf die weitere literarische Entwicklung in Deutschland, genauso wie es Aschenbach als würdevollen, auf die Form bedachten Künstler letztlich nicht gelingt, sein Weltbild zu retten.

---

1 Arthur Schnitzler (1862 – 1931): österreichischer Erzähler und Dramatiker
2 Stefan Zweig (1881 – 1942): österreichischer Schriftsteller
3 Paul Ernst (1866 – 1933): deutscher Schriftsteller
4 Wilhelm von Scholz (1874 – 1969): deutscher Autor

Der Erzählstil Thomas Manns

Montagetechnik: Textmontage …

Eine typische Schreibtechnik Thomas Manns ist die Montage, also das Zusammenfügen verschiedener Figuren oder verschiedener Textmaterialien unterschiedlicher Herkunft, vom Autor einmal selbstironisch als „höheres Abschreiben" bezeichnet. Beispielhaft hierfür fügt Mann in Kapitel IV der Novelle an zwei Stellen umschriebene Textstellen aus Platons philosophischem Dialog „Phaidros" (vgl. Fußnote 2, S. 46) in die Gedanken Aschenbachs ein. So übernimmt der Verfasser beispielsweise in der Textpassage ab „Es war die alte Platane unfern der Mauern Athens …" (S. 85) viele Details aus der Beschreibung des idyllischen Rückzugsorts am Fluss Ilisos in Platons Dialog (Phaidros 230b – c). Die sich anschließende Belehrung des Phaidros durch Sokrates „über Sehnsucht und Tugend" findet ebenfalls eindeutige inhaltliche Entsprechungen in „Phaidros" (Phaidros 250d – 251a).

… und Figurenmontage

Ein weiteres Montagebeispiel bietet die Figur des Wanderers auf dem Nordfriedhof, der eine Komposition aus christlichen und antiken Vorlagen darstellt. So erinnert sein Äußeres – „mager" (S. 11), „stumpfnäsig" (ebd.), mit „farblosen […] Augen" (S. 12) und offenliegenden Zähnen (ebd.) – an einen Totenkopf und damit an Darstellungen des Todes in der christlichen Tradition. Ebenfalls auf christliche Vorstellungen beziehen sich die Anspielungen auf den Satan: Die roten Haare (vgl. S. 11) spielen ebenso wie die „rotgewimperten Augen" (S. 12) auf den Höllenfürsten an, „zwei senkrechte, energische Furchen" (ebd.) im Gesicht des Wanderers lassen sich als Teufelshörner deuten.
Zugleich fließen in die Beschreibung des Wanderers Kennzeichen der griechischen Gottheit Hermes ein. Als Schutzgott der Reisenden wird dieser in antiken Plastiken traditionell als bartloser Wanderer mit Hut und Stab dargestellt – auch der bartlose (vgl. S. 11) Wanderer trägt Hut (vgl.

ebd.) und Stab (vgl. S. 12). Im antiken Mythos sorgt Hermes mit seinem Stab für Schlaf und Traum bei den Menschen. Nicht zufällig dürfte also Thomas Mann unmittelbar nach der Begegnung auf dem Nordfriedhof den Dschungeltraum Aschenbachs (vgl. S. 14) platziert haben.

Exemplarische Leitmotive: Todesboten …

Die Novelle „Der Tod in Venedig" zeichnet sich durch eine inhaltliche Verflechtung des Texts aus. Dafür sorgt u. a. das kunstvoll gestaltete Gefüge der Leitmotive. In erster Linie sind die sogenannten „Todesboten" zu nennen, die im Erzählverlauf immer wieder in markanter Weise auftreten: der fremdländische Wanderer auf dem Nordfriedhof (vgl. S. 11 – 13), der Greis auf dem Schiff (vgl. S. 34 – 35, 40 – 41), der Gondoliere (vgl. S. 43 – 44) sowie der Straßenmusiker (vgl. S. 111 – 113). Diese Figuren fungieren nicht als Handlungsträger im engeren Sinne, sondern stellen in ihrer düsteren Rätselhaftigkeit Vorausdeutungen auf den Tod Aschenbachs dar. Die Ähnlichkeit in ihrem jeweiligen Aussehen und Auftreten unterstreicht die direkten inhaltlichen Bezüge und Verweisungen aufeinander. So fällt beispielsweise auf, dass sämtliche Todesboten schlechte Zähne bzw. Gebisse haben: Beim Wanderer auf dem Nordfriedhof (vgl. S. 12), beim Gondoliere (vgl. S. 43) und beim Straßenmusiker (vgl. S. 113) liegen die Zähne offen, der Greis auf dem Schiff hat gelbe Zähne (vgl. S. 35). Dabei sind offen liegende bzw. schlechte Zähne bei Thomas Mann immer ein Indikator für Krankheit und Verfall – die Todesboten transportieren ihre Botschaft damit auch in ihrem Aussehen.

… und Venedig

Neben den Todesboten prägen den Text noch weitere Leitmotive. Besonderes Interesse verdienen die unterschiedlichen Schilderungen der Stadt Venedig, die Aschenbachs Niedergang in symbolträchtigen Bildern begleiten. So überrascht Venedig Aschenbach schon bei seiner Ankunft nicht wie erwartet mit strahlendem Sonnenwetter, sondern mit Nieselregen und einem trüben Horizont. Diese unheilschwangere Atmosphäre der Stadt verstärkt sich bei den ersten Anzeichen der Cholera (vgl. S. 93 – 99): Als Aschenbach erstmals den Geruch von Desinfektionsmitteln bemerkt, befindet er sich auf der „Schattenseite des Platzes" von San Marco, also jenseits des Touristenpanoramas, worin sich die Doppelbödigkeit Venedigs andeutet. Noch weiter gesteigert wird der morbide, also vom Verfall gezeichnete Eindruck anlässlich der Gondelfahrt Aschenbachs durch die kranke Stadt (vgl. S. 102 – 104): In der Textpassage beschwört der Autor einerseits eine düstere Atmosphäre, vereint diese aber zugleich mit dem orientalisch anmutenden Aussehen der Stadt, wenn er von „Arabischen Fensterumrahmungen" (S. 103) schreibt, die sich „im Trüben" abbilden. Damit rückt die Stadt geradezu in die Nähe der sinnlich-geheimnisvollen Märchenwelten des Orients. Zudem wird Venedig, die „schmeichlerische und verdächtige Schöne" (S. 104), als „halb Märchen, halb Fremdenfalle" (ebd.) bezeichnet, die den Fremden einlullt, weil sie ihre Krankheit „aus Gewinnsucht verheimliche" (ebd.) – die negativen Seiten der Stadt als Ort verantwortungsloser Geschäftemacherei treten ungehemmt hervor. Als dann das Sterben in der Stadt in den „Fäulnisdünsten" (S. 131) deutlich wird und eine soziale Verwahrlosung um sich greift, erlebt Aschenbach Venedig als Irrgarten (vgl. ebd.), in dem ihm keine Orientierung mehr möglich ist – eine anschauliche Darstellung seiner ausweglosen existenziellen Situation.

Wechsel zwischen auktorialem …

Bemerkenswert an der Erzählgestaltung der Novelle ist die Mischung von auktorialem und personalem Erzählverhalten. So wechselt der Erzähler oft fließend zwischen der „allwissenden" und der figurenbezogenen Perspektive hin und her. Ein Beispiel bietet die Hotelszene, in der Aschenbach das erste Mal auf Tadzio trifft. Im Textabschnitt (ab S. 49) gestaltet der Erzähler das Geschehen zunächst vollständig vom auktorialen Erzählerstandort aus. Er überblickt nicht nur das gesamte Geschehen im Speisesaal des Hotels. Er kennt auch die persönlichen Eigenheiten der Figuren – von Aschenbach weiß er, dass dieser „bei der Toilette zu arbeiten gewöhnt war“, S. 49 – und offenbart ihr inneres Empfinden: Er weiß, dass die „Teilnahmslosigkeit“ der Anwesenden lediglich „gespielt“ (ebd.) ist und dass Aschenbach die versammelte Gesellschaft als vergleichsweise angenehm empfindet. Zudem vermag er aufgrund seiner Allwissenheit das Beobachtete zu kommentieren: Die gehobene Abendkleidung verbindet die Menschen ihm zufolge nur „äußerlich“ (ebd.), um dann mittels der Beschreibung nationaler Stereotypen („Man sah die trockene und lange Miene des Amerikaners, die vielgliedrige russische Familie, englische Damen […]“, ebd.) mit wertendem Unterton die Unterschiede zu betonen.

… und personalem Erzählverhalten …

Das Auftreten Tadzios wird durch einen schleichenden Übergang von der allwissenden in das personale Erzählverhalten vorbereitet. So wird der vergleichsweise hohe Anteil slawischer Hotelgäste (vgl. S. 49–50) mithilfe des Prädikats „schien“ (S. 50) lediglich als subjektiver Eindruck geschildert. In gleicher Weise wird das Alter Tadzios („vielleicht“, ebd.) und seiner Schwestern („wie es schien“, ebd.) nur dem äußeren Eindruck nach geschätzt, ohne dass der Erzähler sich festlegt. Mit dem Erscheinen Tadzios schließlich setzt sich der Figurenstandort durch: Das Gesicht des Knaben ist „anmutig verschlossen“, der Mund „lieblich“ und mit „göttlichem Ernst“, die gesamte Erscheinung „von so einmalig persönlichem Reiz“ – die Wahrnehmung seiner „vollkommen[en]“ (ebd.) Schönheit basiert ausschließlich auf Aschenbachs subjektiver Wahrnehmung, zu der wiederum der Erzähler keine Distanz wahrt.

Der beständige Wechsel zwischen auktorialem und personalem Erzählverhalten charakterisiert die gesamte Novelle. Mit dem virtuosen Ineinandergreifen an sich gegensätzlicher Erzählperspektiven erzeugt der Autor immer wieder Abstand zwischen Hauptfigur und Erzähler.

… als besonderes Element der Mann'schen Erzählweise

Die ironische Distanzierung des Erzählers von Aschenbach ist eine charakteristische Erzählhaltung der Novelle. Besonders deutlich wird die Doppelbödigkeit des Texts bei der Beschreibung der Künstlerkarriere Aschenbachs. So vergleicht der Erzähler das Formbewusstsein Aschenbachs mit dem des französischen Königs Ludwig XIV. (vgl. S. 29) – womit er freilich zugleich das öffentliche Gebaren Aschenbachs mit dem absolutistischen Allmachtsanspruch des Monarchen assoziiert. Außerdem betont der Erzähler, dass Aschenbachs Existenz von den inneren Abenteuern der Kunst geprägt ist (vgl. S. 30) – wodurch er gleichzeitig andeutet, dass Aschenbach keine besonderen Prüfungen im echten Leben zu bestehen hatte. Dieser ironische Stil ist ein besonderes Merkmal von Thomas Mann. Auf diesem Wege gelingt es ihm, ein tragisches Einzelschicksal zu relativieren und in eine „[h]eitere Ambiguität“[1], wie es der Autor selbst bezeichnet, zu überführen, also in eine den Ernst des Daseins überhöhende Zweideutigkeit, die seelische Widersprüche der Figuren offenlegt, bestehende Konventionen infrage stellt und dem Leser mittels Schaffung von Kontrasten neue Perspektiven eröffnet.

„Der Tod in Venedig“ zwischen Novelle und Drama

Kennzeichen der Novelle

Das Werk „Der Tod in Venedig“ führt im Untertitel ausdrücklich den Begriff „Novelle“. Diese Gattung meint eine Prosaerzählung mittleren Umfangs, die von einem „unerhörten“ Ereignis (so Goethe über die Novelle) handelt. Die Fokussierung auf dieses bestimmte Ereignis lässt keinen Raum für erzählerische Nebenstränge. Typisch für die geradlinige Erzählweise der Novelle ist der Einsatz von sogenannten „Dingsymbolen“, also gegenständlichen Zeichen,

[1] Tagebucheintragung vom 13. Oktober 1953, in: Thomas Mann: Tagebücher 1953 – 1955, hrsg. v. Inge Jens, Frankfurt a. Main 1995, S. 127

die in der Erzählung mehrfach wiederkehren und wie ein Leitmotiv die Erzählelemente miteinander verknüpfen.
„Der Tod in Venedig" verkörpert die Kennzeichen der Gattung geradezu mustergültig. So konzentriert sich der Autor auf ein bestimmtes, in den Augen der Gesellschaft „unerhörtes" Ereignis, nämlich die homoerotische Knabenliebe eines alternden Schriftstellers. Der im Inneren Aschenbachs tobende Konflikt zwischen der Beibehaltung seiner bürgerlichen Identität und dem Ausleben seiner homosexuellen Leidenschaft bildet den zentralen Handlungsstrang, dem sämtliche anderen Handlungselemente, wie zum Beispiel der Ausbruch der Cholera, untergeordnet sind. Die Todesboten wiederum sind ein zentrales Dingsymbol der Erzählung und damit ein weiteres typisches Kennzeichen der Novelle, wie auch die in den Schilderungen der nächtlichen Träume Aschenbachs konstruierte symbolhafte Erzählebene.

Verwandtschaft mit dem Drama

Theodor Storm[1] hat die Novelle als „Schwester des Dramas" definiert. Diese Verwandtschaft äußert sich in der Zuspitzung und Auflösung eines zentralen, die gesamte Novelle motivierenden Konflikts. Diese dramatische Struktur hat der Literaturtheoretiker Gustav Freytag[2] im Pyramiden-Modell des fünfaktigen Dramas verdeutlicht. Konkret handelt es sich dabei um die Einleitung, die Steigerung, den Höhepunkt, die fallende Handlung sowie die Auflösung. Jeder dieser Phasen lässt sich ein Kapitel der Novelle zuordnen.[3] So stellt das erste Kapitel die Grundelemente der Erzählhandlung vor (Einleitung), nämlich den von innerer Unruhe ergriffenen Aschenbach sowie die Andeutung seines späteren Endes in der Gestalt eines Todesboten. Kapi-

1 Theodor Storm (1817–1888): berühmter deutscher Lyriker und Prosaschriftsteller
2 Gustav Freytag (1816–1895): deutscher Schriftsteller, der 1863 das dramentheoretische Werk „Die Technik des Dramas" verfasste
3 Siehe hierzu auch Übersicht I: Der dramatische Aufbau der Novelle, S. 103

tel zwei treibt die Handlung voran (Steigerung), indem die inneren Konflikte der Hauptfigur entfaltet werden. Das dritte Kapitel stellt den Höhe- und existenziellen Wendepunkt in Aschenbachs Leben dar, da er dem jungen Tadzio begegnet. Das vierte Kapitel bildet ein retardierendes, also ein verzögerndes Moment (fallende Handlung) in der Handlung, weil die Faszination, die Tadzio auf Aschenbach ausübt, variiert wird. Der Versuch eines Liebesgeständnisses vonseiten Aschenbachs wiederum trägt zur Spannungssteigerung bei. Das fünfte Kapitel wiederum zeigt Aschenbachs Tod als finale Katastrophe (Auflösung) seiner existenziellen Zerrissenheit.

Rezeption der Novelle

Die Novelle „Der Tod in Venedig" gehört nicht nur zu den bis heute meistgelesenen Texten Thomas Manns, sondern inspirierte auch namhafte Künstler zur produktiven Auseinandersetzung mit dem Werk.

Wolfgang Koeppens Roman „Der Tod in Rom"

So veröffentlichte der deutsche Schriftsteller Wolfgang Koeppen (1906 – 1996) im Jahr 1954 den Roman „Der Tod in Rom", in dem sich der Autor mit der ausgebliebenen Aufarbeitung des Nationalsozialismus in der frühen Bundesrepublik auseinandersetzt. Dabei beziehen sich nicht nur der Buchtitel, das vorangestellte Motto, das den letzten Satz der Mann'schen Novelle zitiert, sowie die Schlusszeilen („Die Zeitungen meldeten noch am Abend Judejahns Tod […]."[1]) auf Thomas Manns Erzählung. Koeppen stellt darüber hinaus den Bezug zur Novelle immer wieder durch Anspielungen her. So ist die Figur Siegfried Paffrath ebenso wie Aschenbach homosexuell. Als Paffrath Tadzio zu begegnen vermeint, lässt er sich jedoch in Wirklichkeit mit einem homosexuellen Prostituierten ein.

---

[1] Wolfgang Koeppen: Der Tod in Rom, Frankfurt a. Main [1]1975, S. 187

Verfilmung durch Luchino Visconti

Mit Luchino Visconti (1906 – 1976) nahm sich einer der prominentesten Vertreter des italienischen Nachkriegsfilms des Novellenstoffes an. Für den Film „Morte a Venezia", der 1970 erschien, erhielt Visconti einen Spezialpreis der Filmfestspiele in Cannes, mit dem gleichzeitig sein Lebenswerk geehrt wurde. Als prägende Figur des „neorealismo" (Neorealismus), der den italienischen Film bis in die Fünfzigerjahre hinein bestimmte, strebte Visconti die ungeschönte Darstellung der gesellschaftlichen Realität an. Dieses Interesse dürfte seine Aufmerksamkeit auf die Novelle „Der Tod in Venedig" gelenkt haben, die ja die fortschreitende Demaskierung eines geadelten Großbürgers thematisiert. Daneben wird auch die von Visconti offen gelebte Homosexualität zur Attraktivität des Stoffes beigetragen haben. An die Textvorlage hält sich Visconti nur teilweise. Den wesentlichen Unterschied zwischen Buch und Film bildet die Hauptfigur: Aschenbach ist kein würdevoll auftretender Schriftsteller, sondern ein Komponist, der keineswegs von sich überzeugt ist und viel mehr an Adrian Leverkühn, die Hauptfigur des ebenfalls von Thomas Mann verfassten Romans „Doktor Faustus", erinnert. Tatsächlich hat Visconti tragende Elemente seines Films diesem Roman entlehnt. Außerdem macht Visconti nicht nur die Hauptfigur zum Musiker, sondern setzt zugleich die Musik Gustav Mahlers als hintergründigen Stimmungsträger ein. Die von Visconti hinzukomponierte Figur des Dirigenten Alfred, des Vertrauten Aschenbachs, erinnert wiederum an Rüdiger Schildknapp, den Begleiter Leverkühns.

Benjamin Brittens „Death in Venice"

Bei der Oper „Death in Venice" handelt es sich um das letzte Werk des großen britischen Komponisten Benjamin Britten (1913 – 1976). Wie bei Visconti dürfte auch bei Britten ein wichtiges Motiv für die Beschäftigung mit dem Stoff autobiografisch bedingt sein: Britten war ebenfalls homosexuell, bei der Uraufführung der Oper im Jahre 1973 sang Brittens damaliger Lebenspartner Peter Pears die Rolle des

Luchino Visconti dreht in Venedig (1970)

Gustav Aschenbach. Das Stück ist auf der sängerischen Ebene geprägt vom Kontrast zwischen Aschenbach (Tenor) und den übrigen Singrollen, also den Todesboten und anderen Handlungsträgern. Diese Rollen sind allesamt mit einem einzigen Bariton besetzt, der nacheinander in verschiedenen Rollen auftritt. Tadzios Rolle bleibt dagegen auf stumme Tanzszenen beschränkt. Am Ende des Stücks vollzieht sich durch die Orchestermusik eine symbolische Vereinigung von Aschenbach und Tadzio.

John Neumeiers Tanzfassung

Einen weiteren künstlerischen Ansatz bietet das Tanztheater „Tod in Venedig. Ein Totentanz“ des Hamburger John Neumeier (geb. 1942), der seit 1973 das Ballett an der dortigen Staatsoper leitet. In dieser Inszenierung wird Aschenbach in einen Tanzchoreografen umgedeutet, der ein Ballett zu Friedrich dem Großen gestalten soll. Die größere tänzerische Aktivität kommt jedoch Tadzio zu. Der künstlerische Gegensatz zwischen dem apollinischen und dem dionysischen Ideal[1] wird versinnbildlicht in der Musik Bachs (1685 – 1750) und Wagners (1813 – 1883).

[1] Siehe hierzu auch S. 70 f. in dieser Schülerhilfe.

Die Novelle „Der Tod in Venedig“ in der Schule

Der Blick auf die Figuren: Die Personencharakterisierung

Eine literarische Figur charakterisieren – Tipps und Techniken

In einer literarischen Charakterisierung analysiert man neben den äußeren Merkmalen besonders die inneren Wesenszüge einer literarischen Figur. Gegebenenfalls muss auch ihre Entwicklung im Werk erfasst werden. Dazu ist es wichtig, die im Text vermittelten Informationen zu sammeln, zu ordnen und zu werten. Bei einem Prosatext ist dabei zwischen der unmittelbaren Darstellung durch den Erzähler, der Selbstdarstellung der Figur und den Aussagen anderer Figuren über die Figur zu unterscheiden.
Auf diesem Wege gelangt man zu einer Gesamtinterpretation der Figur. Das Wesentliche soll nicht in beschreibender, sondern in argumentierender Form dargelegt werden. Alle Behauptungen, die man über eine Figur aufstellt, müssen begründet, d. h. in der Regel durch eine oder mehrere Textstellen belegt werden. Die Zeitstufe ist das Präsens.

Für die Erarbeitung einer literarischen Charakterisierung können unter anderem folgende Aspekte und Leitfragen von Bedeutung sein:

1. Personalien und sozialer Status

- Was erfahren wir über Name, Geschlecht, Alter und Beruf der Figur?
- Werden auffällige äußere Merkmale beschrieben?
- Wie werden die Lebensverhältnisse und das soziale Umfeld der Figur dargestellt?

- Gibt es Informationen zur Vorgeschichte der Figur?

2. Wesentliche Merkmale und Eigenschaften

- Zeigt die Figur typische Verhaltensweisen und Gewohnheiten?
- Was sind ihre hervorstechenden Wesensmerkmale und Charakterzüge?
- Welche Umstände prägen und bestimmen ihre Existenz?
- Welches Bild hat die Figur von sich selbst?
- Welche inneren Einstellungen, welches Weltbild hat sie?
- Zeigt die Figur eine Veränderung in ihren äußeren Merkmalen bzw. eine innere Entwicklung?
- Wie wird sie durch die anderen Figuren wahrgenommen?
- Welcher Art sind die Beziehungen zwischen der Figur und anderen Figuren?
- Welche kommunikativen Aussagen werden durch die nonverbale Kommunikation (Gestik, Mimik, Körperhaltung) transportiert?
- Welches Gesprächsverhalten, welche Gesprächsstrategien verfolgt die Figur?

3. Zusammenfassende Bewertung

- Wie lässt sich die Funktion der Figur für die Novelle beschreiben?
- Welche Gesamtdeutung der Figur ergibt sich aus den gewonnenen Erkenntnissen?

Diese Zusammenstellung dient als „Checkliste“ für die Erarbeitungsphase der Charakterisierung. Sie kann für die Gliederung der ausformulierten Bearbeitung übernommen werden.

Die folgenden Kurzcharakterisierungen von Gustav Aschenbach und Tadzio bieten wesentliche inhaltliche Anhaltspunkte für die Gestaltung einer eigenständigen Schülerbearbeitung.

Gustav Aschenbach

1. Personalien und sozialer Status

Gustav von Aschenbach ist ein erfolgreicher und wohlhabender Romanautor, der zu seinem 50. Geburtstag aufgrund seiner schriftstellerischen Lebensleistung in den Adelsstand erhoben wurde (vgl. S. 9). Er lebt als Witwer in München und hat eine erwachsene Tochter (vgl. S. 29). Väterlicherseits stammt Aschenbach aus einer schlesischen Beamtenfamilie, seine Mutter war die Tochter eines böhmischen Musikanten (vgl. S. 19).

2. Wesentliche Merkmale und Eigenschaften:

Erfolgsstreben

Aschenbachs gesamte Existenz ist vom Streben nach Erfolg und Anerkennung als Kunstschaffender geprägt. Schon in jungen Jahren zeigt er nicht nur Talent zur Schriftstellerei, sondern zugleich Ehrgeiz und Geltungsdrang (vgl. S. 20). Im Laufe seiner Karriere lernt er, sich selbst als würdevollen, reifen Autor zu inszenieren (vgl. ebd.). Dabei nimmt er willentlich in Kauf, dass er für seinen „Aufstieg zur Würde" (S. 25) seine Anfänge als kritisch-hinterfragender Schriftsteller hinter sich lassen muss (vgl. ebd.). Stattdessen produziert er nur noch stilistisch mustergültige Romane (vgl. S. 28 – 29), mit denen er gezielt vorherrschende gesellschaftliche Wertvorstellungen bestätigt. Der staatstragende Charakter seiner Werke bringt ihm nicht nur beim gehobenen Bürgertum Renommee ein: Weil sie „[e]twas Amtlich-Erzieherisches" (S. 28) annehmen, finden sie sogar Verwendung als Schullektüre (vgl. S. 29).

Selbstdisziplin und Pflichtbewusstsein einerseits, …

Der Ruhm ist für Aschenbach nur über dauerhaft herausragende literarische Leistung zu gewährleisten (vgl. S. 20). Das Erbringen dieser Leistung wird ihm aber durch seine schwächliche Gesundheit schwer gemacht, die ihn wiederum früh zum Einzelgänger macht (vgl. S. 21). Deshalb werden der Wille zum „Durchhalten“ (ebd.) gegen alle widrigen Umstände und die tägliche Selbstdisziplin (vgl. S. 22) zu bestimmenden Grundsätzen in seinem Leben (vgl. ebd.), die auch seine Werke prägen: In seinen Romanen erzählt er von selbstlosen Duldern, die vor allem „Haltung“ (S. 24) zeigen. Zum Zeitpunkt der Novellenhandlung befindet sich Aschenbach allerdings in einer Schaffenskrise, weil er keine Befriedigung aus dem Schreiben mehr zu ziehen vermag (vgl. S. 16 – 17).

… unterdrückte Bedürfnisse andererseits

Seine Härte gegen sich selbst kann Aschenbach nur um den Preis der Bedürfnisunterdrückung durchhalten. Dies wird schon zu Beginn der Novelle deutlich: Auf dem Münchner Nordfriedhof hat Aschenbach die Vision einer schwülen Sumpflandschaft, die von zahlreichen sexuellen Andeutungen geprägt ist (vgl. S. 14) und damit die geheimen Wünsche Aschenbachs offenbart, die dieser sich nicht eingesteht. Diese Ausgangslage prägt seine Urlaubsreise nach Venedig, mit der er sich gewissermaßen den Zwängen seiner Existenz in München entzieht. In der ersten Begegnung mit dem Knaben Tadzio erwacht in ihm ein erotisches Begehren (vgl. S. 50 – 52). Dieses unterdrückt er jedoch wegen der gesellschaftlichen Tabuisierung der Pädophilie zunächst und verleugnet es, indem er seinen inneren Drang als Interesse des Künstlers an der Schönheit tarnt (vgl. z. B. S. 82 – 84). Doch Aschenbachs Diskretion verschwindet zusehends, immer offensichtlicher stellt er dem Knaben am Strand oder bei dessen Familienspaziergängen nach (vgl. z. B. S. 100 – 101). In der Absicht, für Tadzio attraktiver zu sein (vgl. S. 128), greift Aschenbach sogar zu kosmetischen Verjüngungsmaßnahmen (S. 129 – 131), die ihn jedoch am Ende eher wie einen greisen Narr aussehen lassen. Diese zunehmende Schamlosigkeit ist Ausdruck einer immer tiefer greifenden existenziellen Krise Aschenbachs, dessen auf gesellschaftliches Ansehen beruhendes Selbstbild zerbröselt. Am Ende der Novelle scheitert Aschenbach schließlich an seinen Widersprüchen, versinnbildlicht in seinem Ableben (vgl. S. 139).

3. Zusammenfassende Bewertung

Gustav von Aschenbach, die Hauptfigur der Novelle, ist bestimmt von einem grundlegenden inneren Konflikt. Einerseits motiviert ihn sein Geltungsverlangen zu einem entsagungsvollen Dasein, das ihm die Produktion literarischer Erfolge ermöglicht. Andererseits leidet er unbewusst an der Unterdrückung seiner homoerotischen Neigungen. In Venedig führt die Begegnung mit Tadzio zu einer schrittweise erfolgenden Freisetzung seines erotischen Verlangens und damit zu einer schweren existenziellen Krise, der sich Aschenbach jedoch nicht zu entziehen vermag. Sein Scheitern wird offenbar in seinem Sterben.

Tadzio

1. Personalien und sozialer Status

Tadzio ist ein etwa vierzehnjähriger (vgl. S. 50) Sprössling einer wohlhabenden polnischen Familie, deren Name nicht genannt wird. Mit seiner Mutter, seinen drei älteren Schwestern und einer Erzieherin (vgl. S. 50, 53) verbringt Tadzio den Sommerurlaub im gleichen Hotel wie Aschenbach. Seine Haare sind blond, die Haut ist blass (vgl. S. 50). Beim ersten Aufeinandertreffen mit Aschenbach trägt Tadzio den für Kinder in der damaligen Zeit üblichen Matrosenanzug und schwarze Lackschuhe.

2. Wesentliche Merkmale und Eigenschaften:

Tadzios gewinnende Schönheit

Tadzio verfügt über ein gewinnendes Äußeres, mit dem er Gustav Aschenbach schon bei der ersten Begegnung in den Bann schlägt. Auf den Schriftsteller wirkt der Knabe „vollkommen schön“ (S. 50). Dies macht er sowohl an Tadzios wohlgestalteten gleichmäßigen Gesichtszügen – der „bleich[e] und anmutig verschlossen[e]“ Gesichtausdruck, die blonden Locken, das Gesicht „mit der gerade abfallenden Nase“ und „dem lieblichen Munde“ (vgl. sämtlich S. 50) – wie auch an seiner lässigen Körperhaltung (vgl.

S. 51) und an seiner anmutigen Art, sich zu bewegen (vgl. S. 56), fest. Dabei vergleicht Aschenbach das Aussehen Tadzios nicht nur mit der abstrakten Schönheit „griechische[r] Bildwerke aus edelster Zeit“ (S. 50), sondern erkennt an ihm auch einen „einmalig persönliche[n] Reiz“ (ebd.). Diese subjektive Anziehungskraft entfacht in Aschenbach ein erotisches Interesse an dem Jungen, das ihn im Laufe der Novellenhandlung in eine schwere existenzielle Krise bringt.

Tadzios Selbstverliebtheit

Aschenbach bezeichnet Tadzio ausdrücklich als „Narzisst“ (S. 96), also als Menschen, der im Übermaß in sich selbst verliebt ist. Mit diesem Begriff bringt Aschenbach zum Ausdruck, dass Tadzio sich seiner außerordentlichen Wirkung auf seine Umgebung und vor allem auf Aschenbach offenbar wohl bewusst ist. Keineswegs entgeht Tadzio das übersteigerte Interesse des Schriftstellers an seiner Person. Handelt es sich beim ersten Blickkontakt zwischen beiden (vgl. S. 53) möglicherweise noch um Zufall, besteht kein Zweifel, dass Tadzio bei späteren Gelegenheiten die Blicke Aschenbachs bewusst erwidert (vgl. S. 94 – 95) und ihn sogar mit seiner Nähe zu provozieren versucht (vgl. S. 95). Das darin deutlich werdende Gefallen Tadzios an seiner Wirkung auf andere dürfte unter anderem in seiner Erziehung begründet sein. Während seine drei Schwestern in der Wahl der Kleidung bescheiden hergerichtet sind und auf Aschenbach „herb und keusch“ (S. 50) wirken, stellt Tadzio ein „verzärteltes Vorzugskind“ (S. 52) dar. So wird der Knabe von der Mutter mit wesentlich mehr Nachsicht behandelt (vgl. S. 51), er darf sogar zu spät zum Frühstück erscheinen (vgl. S. 56). Offensichtlich erfährt Tadzio eine Vorzugsbehandlung innerhalb seiner Familie, die sein Selbstbild prägt.

Tadzio als Seelenführer

In der Schlussszene der Erzählung schreitet Tadzio wie eine mythische Gestalt ins Meer hinein (vgl. S. 139 – 140). Der sterbende Aschenbach, der das Geschehen vom Strand aus beobachtet, meint wahrzunehmen, dass Tadzio ihm zuwinke, ihm in die Weite des Meers und damit in die existenzielle Entgrenzung zu folgen. So wird Tadzio zum „Psychagog“ (S. 139), also zum mythologischen Seelenführer, der Aschenbach ins Jenseits führt. Damit wird deutlich, dass Tadzio in gewisser Weise auch zu den Todesboten zu zählen ist, denen Aschenbach an mehreren Stellen der Erzählung begegnet – der Wanderer auf dem Nordfriedhof (S. 11 – 13), der närrische Greis (S. 34 – 35, 40 – 41), der Gondoliere (S. 43 – 44) und der Straßenmusikant (S. 111 – 113) – und die allesamt auf den bevorstehenden Tod der Hauptfigur verweisen. Mit diesen Figuren teilt Tadzio nicht nur die Funktion als Todesboten, sondern auch Details in der äußeren Beschreibung: Ebenso wie im Falle der anderen Todesboten erwähnt der Erzähler das bleiche Gesicht (vgl. S. 50) und die auffälligen Zähne (vgl. S. 66) Tadzios. Als Seelenführer vollendet Tadzio also die Reihe der Todesboten, die Aschenbachs Weg bis zu seinem Untergang begleiten.

3. Zusammenfassende Bewertung

Bei Tadzio handelt es sich um einen Heranwachsenden, der unter seinen Geschwistern eine Vorzugsrolle genießt und sich seines hübschen Aussehens wohl bewusst ist. Das Interesse Aschenbachs an ihm ermutigt ihn zu gewissen Provokationen, mit denen er den alternden Schriftsteller aus der Reserve locken will. Für Aschenbach wiederum ist Tadzio vor allem Auslöser und Projektionsfläche für seine homoerotischen Begierden. Diese führen Aschenbach schließlich in die Katastrophe. Am Ende seines Weges in den Untergang steht wiederum Tadzio, der dabei als finaler Todesbote fungiert.

Der Blick auf den Text: Die Szenenanalyse

Einen Novellenauszug analysieren – Tipps und Techniken

Für die Analyse ausgewählter Textstellen der Novelle stehen grundsätzlich zwei verschiedene Methoden zur Auswahl: Die Linearanalyse und die aspektgeleitete Analyse.

In der **Linearanalyse** werden die einzelnen Abschnitte des Aufgabentexts systematisch analysiert, das heißt ihrer Reihenfolge nach. Dies führt in der Regel zu genauen und detaillierten Interpretationsergebnissen. Allerdings besteht dabei die Gefahr, dass die übergeordneten Deutungsschwerpunkte des Textauszugs aus dem Blick geraten.

In der **aspektgeleiteten Analyse** werden diese Deutungsschwerpunkte im Vornherein festgelegt. Daraus ergibt sich in der Regel eine sehr problemorientierte und zielgerichtete Vorgehensweise. Dabei werden jedoch die Deutungsaspekte, die nicht im Fokus des Interesses stehen, tendenziell vernachlässigt.

Aufbauschema

1. Einleitung:
- Basissatz: Autor, Titel, Textsorte, Erscheinungsjahr des Werks, aus dem der Text stammt
- Ort, Zeit und Figuren
- kurze Inhaltsangabe

↓

2. Einordnung des Textauszugs in die Novelle:
Was geschieht vorher, was nachher?

Linearanalyse	*aspektgeleitete Analyse*
↙	↘
3. Inhaltlicher Aufbau: kurze Darstellung der Textabschnitte	**3. Untersuchungsschwerpunkte:** Beschreibung der ausgewählten Deutungsaspekte
↓	↓
4. Beschreibung und Deutung der unter 3. angegebenen Textabschnitte: • Aussagen zum Inhalt des Abschnitts • Aussagen zur Deutung, Einbetten in den Zusammenhang der Novelle • Einbezug der sprachlichen Gestaltung • Überleitung zum nächsten Textabschnitt	**4. Beschreibung und Deutung der unter 3. angegebenen Aspekte:** • Benennen des jeweiligen Aspekts • Aussagen zur Deutung, Einbetten in den Zusammenhang der Novelle • Einbezug der sprachlichen Gestaltung
↘	↙

5. Schluss:
- Zusammenfassung der Ergebnisse
- Einordnung in einen größeren Deutungszusammenhang
- Bewertung

Zu beiden Analysemethoden wird im Folgenden je eine (leicht abgeänderte) Schülerlösung präsentiert.

Übungsvorschlag:
Erstellen Sie zuerst jeweils eine eigene Lösung und vergleichen Sie sie dann mit den unten angeführten Vorschlägen. Überprüfen Sie: An welchen Stellen erscheint Ihnen Ihre eigene Lösung schlüssiger? Welche zusätzlichen Anregungen und Einsichten können Sie den Beispieltexten entnehmen?

Beispielanalyse (linear)

Aufgabe: Analysieren Sie die Schlusssequenz der Novelle (S. 136 – S. 139).

Die Knabenliebe ist nicht nur in heutiger Zeit ein Tabu. Dies galt auch schon für die gesellschaftlichen Wertvorstellungen zu Lebzeiten des Literaturnobelpreisträgers Thomas Mann. In seiner Novelle „Der Tod in Venedig", 1911 entstanden, macht Thomas Mann dieses Tabu zum literarischen Motiv und erzählt von der Liebesschwärmerei Aschenbachs, eines alten Mannes, für den minderjährigen Jungen Tadzio. Darüber verliert er sein auf gesellschaftliches Ansehen gründendes Selbstverständnis. Am Ende dieser tragischen Entwicklung findet Aschenbach den Tod. Einleitung

Im angegebenen Textauszug wird erzählt, wie Aschenbach davon erfährt, dass Tadzios Familie aufgrund der in Venedig grassierenden Cholera ihren Urlaub abbricht. Für Aschenbach, der sich ebenfalls mit der Cholera infiziert hat, bedeutet dies das Ende seines homoerotischen Abenteuers. Am Badestrand sucht er ein letztes Mal die Nähe zu Tadzio. Doch seine erotische Sehnsucht findet keine Erfüllung. Stattdessen verliert der von der Krankheit stark geschwächte Aschenbach das Bewusstsein und stirbt kurze Zeit später.

Einordnung des Textauszuges in die Novelle

Der Textabschnitt bildet den Abschluss der Novelle, die in fünf Kapiteln das Scheitern des Bürgers und Künstlers Aschenbach erzählt. Den Beginn markiert die Entscheidung des angesehenen Literaten Aschenbach, nach Venedig zu reisen. Dort erwacht sein homoerotisches Interesse an dem polnischen Jungen Tadzio, der mit seiner Familie dort einen Badeurlaub verbringt. Anfangs versucht Aschenbach, seine Neigung noch als künstlerisches Hingezogensein zur Schönheit zu rechtfertigen, doch er steigert sich immer mehr in sein Begehren hinein. Dabei agiert er immer schamloser und verliert zunehmend seine bürgerliche Identität als selbstdisziplinierter Vertreter gesellschaftlicher Wertvorstellungen. Sein Verfall spiegelt sich äußerlich im Schicksal der Stadt Venedig, die von der Cholera heimgesucht wird. Die gesamte Novellenhandlung läuft konsequent auf ihr katastrophales Ende hinaus: Der in seiner Existenz erschütterte Aschenbach findet schließlich auch sein physisches Ende.

Inhaltlicher Aufbau

Der Textauszug lässt sich in drei Teile untergliedern. Zunächst erfährt Aschenbach im Hotel von der geplanten Abreise der Familie Tadzios (S. 136). Der zweite Abschnitt (S. 136 – 138) beschreibt die unwirtliche Atmosphäre am Strand, in der auch die vormals friedlicheren Spiele Tadzios und seiner Freunde ins Aggressive umschlagen. Im dritten Abschnitt (S. 138 – 139) wird gezeigt, wie Aschenbach den ins Meer schreitenden Tadzio ein letztes Mal als lockenden Verführer erlebt. Mit dieser Vision stirbt Aschenbach.

Beschreibung und Deutung der Textabschnitte
I. Abschnitt

Aschenbach verlässt wie gewöhnlich des Morgens sein Hotel. Allerdings macht der Erzähler deutlich, dass sein Zustand inzwischen sehr angegriffen ist. So leidet er unter Schwindel (vgl. S. 136). Dieser hat aber offenbar nicht nur eine körperliche Ursache, wie sie die Cholerainfektion

Aschenbachs nahelegt, sondern hängt außerdem mit existenziellen Angstzuständen zusammen, in denen sich Aschenbachs „Gefühl der Ausweg- und Aussichtslosigkeit" (ebd.) ausdrückt – eine klare Vorausdeutung auf das bevorstehende Ende des Protagonisten. Die erzählerische Verdichtung eines nahenden Endes wird zusätzlich verstärkt, als Aschenbach von der bevorstehenden Abreise Tadzios und seiner Familie erfährt. Seine anteilslose Reaktion auf diese Neuigkeit (vgl. ebd.) lässt den Schluss zu, dass er mit der Entscheidung zur Abreise innerlich bereits gerechnet hat. Sein Entschluss, an den Badestrand zu gehen (vgl. ebd.), dient offenbar dem Abschiednehmen von Tadzio.

II. Abschnitt

Der sich anschließende Abschnitt zeigt Aschenbach am Meer. Dort herrschen „Herbstlichkeit" und „Überlebtheit" (S. 136) – Ausdrücke, mit denen der Erzähler eine Stimmung von Traurigkeit und Verlassenheit erzeugt. Diesen Eindruck unterstreicht der Erzähler durch verschiedene Detailschilderungen. So laufen „kräuselnde Schauer" über die Meeresoberfläche, was beim Leser die Ahnung eines Fröstelns hervorrufen dürfte. Darüber hinaus betont der Erzähler die Verlassenheit des vormals belebten Strandes, den nun niemand mehr sauber hält (vgl. ebd.). Außerdem flattert ein schwarzes Tuch von einem Fotoapparat „klatschend im kälteren Winde" (ebd.) – die an den Tod gemahnende Färbung des Tuchs, das unangenehme Geräusch des Klatschens und die windige Kälte fügen sich zu einem düsteren Gesamteindruck.

Aschenbach beobachtet ein letztes Mal Tadzio beim Spielen mit seinen Kameraden. Allerdings ist die Harmonie der sommerlichen Badetage (vgl. Kap. 3) in aggressive Stimmung umgeschlagen: Aus dem Spiel heraus kommt es zu einer Rangelei zwischen Tadzio und einem anderen Jungen (vgl. S. 137 – 138). Sein Aussehen beschreibt der Erzähler als stämmig (vgl. S. 137), womit er ihn in deutlichen Kontrast zum eher zarten Tadzio setzt. Der Kontrahent ringt Tadzio nicht nur nieder, sondern erstickt ihn beinahe im Sand. Der erschrockene Aschenbach wiederum nimmt dieses Gerangel geradezu als philosophisches Sinnbild für die Verletzlichkeit des Schönen durch rohe Gewalt wahr (vgl. ebd.). Am Ende des Streits entfernt sich Tadzio unversöhnlich Richtung Meer (vgl. ebd.). Dieser Rückzug der gedemütigten Schönheit motiviert Tadzios Gang ins Meer und leitet damit zum Schlussabschnitt über.

III. Abschnitt

Tadzio unterbricht sein Schreiten ins Meer mit einem scheinbar gedankenverlorenen Spiel mit dem Fuß im Sand (vgl. S. 138). Offen bleibt, ob er sich bereits zu diesem Zeitpunkt von Aschenbach beobachtet weiß. Als er schließlich auf einer Sandbank im Meer angelangt ist, schreitet er gewissermaßen die Trennlinie von Land und Wasser ab, einerseits in Distanz zum Dasein der übrigen Menschen auf dem Festland, andererseits mit Blick auf die entgrenzende Fläche des weiten Meeres (vgl. ebd.). Schließlich wendet er seinen Blick zum Ufer zurück. Dabei bewegt er seinen Körper in betont ästhetischer Weise (vgl. ebd.), was offenbar als verführerische Geste an den Betrachter Aschenbach adressiert ist und Aschenbach an sein erstes sinnliches Stranderlebnis mit Tadzio (vgl. S. 60) erinnert. Darüber dämmert Aschenbach in eine Ohnmacht (vgl. S. 139). Vor seinem inneren Auge meint er noch ein Winken Tadzios wahrzunehmen, der ihn aufs offene Meer und damit ins „Verheißungsvoll-Ungeheure“ (ebd.) locken will. Doch diese Vision einer erfüllenden Liebe zu Tadzio wird nicht mehr Wirklichkeit: Der ohnmächtige Aschenbach wird noch in sein Hotelzimmer gebracht, bevor er dort verstirbt.

Schluss

Der die Erzählung abschließende Textabschnitt verdichtet das existenzielle Scheitern Aschenbachs in seinem körperlichen Tod. Im Gegensatz zu den vorangegangenen, verheißungsvollen Tagträumen Aschenbachs als Beobachter Tadzios am Strand zeigt sich nun, dass das erotische Begehren Aschenbachs keine Aussichten bietet, gelebt zu werden. Tadzios Lockgesten aufs freie Meer hinaus markieren für Aschenbach nicht Erfüllung, sondern Tod.

Beispielanalyse (aspektgeleitet)

Aufgabe: Zeigen Sie den auf den Seiten 66 bis 75 deutlich werdenden Zusammenhang zwischen Aschenbachs inneren Stimmungen und seiner jeweiligen Wahrnehmung Venedigs bei seiner Abreise. Gehen Sie dabei auch auf die sprachliche Gestaltung ein.

Die Novelle „Der Tod in Venedig“, von Thomas Mann im Jahre 1911 verfasst, handelt von dem alternden Erfolgsschriftsteller Gustav Aschenbach, der während eines Urlaubs in Venedig homoerotische Neigungen zu einem Knaben entwickelt und daran innerlich zerbricht. Eine besondere Rolle in der Erzählung kommt Venedig zu, das keineswegs nur als äußerer Handlungsort fungiert. In den atmosphärischen Beschreibungen der Stadt kommen vielmehr immer wieder die inneren Stimmungen Aschenbachs zum Ausdruck. Einleitung

Der zu untersuchende Textauszug schildert einen vergeblichen Abreiseversuch Aschenbachs. Obwohl ihn die ersten Begegnungen mit Tadzio innerlich sehr berührt haben, fasst er aufgrund des unangenehmen Wetters in Venedig den Entschluss, seinen Urlaub an einem anderen Ort fortzusetzen. Seine Abreise scheitert jedoch an widrigen Umständen. Darüber empfindet er jedoch insgeheim eine enorme Erleichterung, weil er damit Tadzio weiterhin nahe sein kann.

Dieser Episode gehen die ersten Begegnungen Aschenbachs mit Tadzio im Hotel voran. Schon beim ersten Aufeinandertreffen hat Tadzios sinnliche Ausstrahlung in Aschenbach ein erotisches Begehren hervorgerufen, das in Einordnung des Textauszuges in die Novelle

der Folge auch Aschenbachs Wahrnehmung der sich anschließenden Begegnungen im Hotel und am Strand bestimmt.
Der im Textauszug beschriebene gescheiterte Abreiseversuch Aschenbachs aus Venedig markiert einen entscheidenden Punkt der Handlung, da der Schriftsteller die letzte Möglichkeit vergibt, konsequent Distanz zwischen sich und Tadzio zu schaffen. Im weiteren Verlauf gelingt es Aschenbach immer weniger, sich den verhängnisvollen Verwicklungen zu entziehen. Der Weg des homoerotischen Begehrens führt ihn immer weiter in die existenzielle Katastrophe, die im Tod Aschenbachs am Ende der Erzählung mündet.

Leitfrage

Im Folgenden soll untersucht werden, wie Aschenbachs inneres Erleben des Abreiseversuchs in der Wahrnehmung Venedigs zum Ausdruck kommt. Hierzu werden drei Erzählmomente genauer interpretiert: der Spaziergang Aschenbachs in Venedig, der ihn zum Aufbruch motiviert (vgl. S. 66 – 68), die Bootsfahrt, die Aschenbach vom Hotel zum Bahnhof bringt (vgl. S. 71 – 72), sowie die Rückfahrt zum Hotel nach Abbruch der Abreise (vgl. S. 74 – 75).

Untersuchungsaspekte
I. Venedig als unwirtlicher Ort

Aschenbach ist zu Beginn seines Venedig-Urlaubs aufgrund der inspirierenden Begegnung mit Tadzio positiv gestimmt. Doch ein Spaziergang durch die Straßen Venedigs löst einen völligen Stimmungswandel (vgl. S. 66) aus. Der Scirocco-Wind bewirkt, dass die schwüle Luft steht und die schlechten Gerüchte in der Stadt bleiben (vgl. S. 67). Außerdem fühlt sich Aschenbach durch das Gedränge in den Gassen belästigt. Der in der Stadt herrschende „abscheuliche Zustand“ (ebd.) ruft bei ihm sogar körperliche Reaktionen hervor: Er hat Schweißausbrüche und Atemnot (vgl. ebd.). Als er sich in ruhigere Gassen flüchten will, wird er von Bettlern behelligt (vgl. ebd.). Derart missgestimmt fasst er den Beschluss, Venedig zu verlassen (vgl. ebd.). Während der Gondelfahrt zurück zum Hotel nimmt er die

Kulisse der Stadt ausschließlich durch die negative Brille wahr: Er fährt durch das „trübe Labyrinth“ (S. 68) der Kanäle und passiert „trauernde[] Palastfassaden“ (ebd.) und im Gondoliere sieht er nur einen Geschäftemacher, der ihn zu touristischen Einkaufstouren überreden will (vgl. ebd.). Die Unzufriedenheit Aschenbachs findet also im Erleben der Stadtszenerie seine direkte Entsprechung.

Die Atmosphäre Venedigs wird sprachlich eindrücklich geschildert: So verwendet der Erzähler Adjektive mit abstoßender Wirkung, wie etwa „die faul riechende Lagune“ (S. 66), die „widerliche Schwüle“ (S. 67), die „üblen Ausdünstungen der Kanäle“ (ebd.). Das Durcheinander der menschlichen Gerüche wird durch eine Aufzählung der Geruchsorte veranschaulicht: „die Gerüche, die aus Wohnungen, Läden, Garküchen quollen“ (ebd.). Zur Beschreibung des Gedränges in den Gassen verwendet der Erzähler den abstrakten Ausdruck „das Menschengeschiebe“ (ebd.), der betont, dass Aschenbach gar keine einzelnen Menschen, sondern nur eine unpersönliche Masse wahrnimmt. Der Gondoliere wiederum steht für „beutelschneiderische[n] Geschäftsgeist“ (ebd.). Der dem Sprachgebrauch des Mittelalters entstammende Begriff „Beutelschneider“ beschreibt ursprünglich die Diebestechnik des Geldbeutel-Abschneidens und ruft bei den Lesern der Novelle eine negative Vorstellung vom Geschäftssinn der Venezianer hervor. Zudem arbeitet der Gondoliere mit „Spitzenfabriken und Glasbläsereien“ (ebd.) nicht einfach nur zusammen, er steht mit ihnen „im Bunde“ (ebd.) – eine Formulierung, die auf regelrechte Verbrechersyndikate anspielt und Aschenbachs übersteigertes Misstrauen deutlich macht.

II. Aschenbachs reuevoller Abschied von Venedig

Aschenbach setzt seinen Entschluss, Venedig zu verlassen, am nächsten Tag in die Tat um, bereut dabei allerdings seine Absicht bereits wieder (vgl. S. 71). Im Hotel versucht er, die Abreise hinauszuzögern (vgl. S. 70). Die Bootsfahrt zum Bahnhof wird dann erst recht zur „Leidensfahrt“ (ebd.).

Aschenbach fürchtet, sich für immer von Venedig verabschieden zu müssen, weil sein Plan zur Abreise beweise, dass er der Stadt nicht gewachsen sei (vgl. S. 72). Dementsprechend nimmt er die Fahrt durch Venedig, bei der er nochmals die Sehenswürdigkeiten vom Platz San Marco bis zur Rialto-Brücke passiert, als endgültige Abschiedstour wahr. Und während ihm der Fäulnisgeruch der Stadt am Vortag unerträglich gewesen ist, sucht er nun diesen Geruch, weil ihm klar wird, dass „sein Herz an dem allen hing“ (ebd.). Damit wird offensichtlich, dass Venedig für Aschenbach mehr als nur ein beliebiges Urlaubsziel ist. Die Verbundenheit mit dem Ort dürfte wohl vor allem mit der Anwesenheit Tadzios zusammenhängen, den Aschenbach bei der Abfahrt vom Hotel nochmals zu Gesicht bekommen hatte (vgl. S. 71).

Die wehmütige Stimmung der Bootsfahrt verdeutlicht der Erzähler durch das Vorherrschen dunkler Vokale (a, o, u), die in dieser Häufung eine traurige, gedämpfte Stimmung erzeugen, z. B.: „Es war die vertraute Fahrt über die Lagune, an San Marco vorbei, den großen Kanal hinauf.“ (ebd.) Aschenbachs inneren Zustand veranschaulicht die Metapher „seine Brust war zerrissen“ (ebd.). Das reumütige Leiden Aschenbachs wird zudem in einer Klimax gezeigt: Aschenbach empfindet nicht nur Kummer, also „Harm“, sondern auch „Weh“ und sogar „Seelennot“ (sämtl. ebd.).

III. Freudige Rückfahrt durch Venedig

Da Aschenbachs Gepäck am Bahnhof in die falsche Richtung vorausgeschickt wird, will er seine Abreise abbrechen (vgl. S. 74). Da er nun aber auch seinen Venedig-Aufenthalt ohne Gesichtsverlust fortsetzen kann, empfindet er innerlich nur eine große Erleichterung, sondern geradezu kindlichen Übermut (vgl. S. 75). Damit findet auch die Rückfahrt zum Hotel unter gänzlich anderen Vorzeichen statt: Unmittelbar nach der deprimierenden Abschiedsfahrt folgt bereits das freudige Wiedersehen mit Venedig – ein Geschehen, das Aschenbach als wunderbares, kaum glaubhaftes

„Abenteuer“ (ebd.) und als Korrektur eines „schwere[n] Irrtum[s]“ (S. 75) erlebt. Überdies meint Aschenbach auch eine Entspannung der Wetterlage in Form von auffrischendem Wind (vgl. ebd.) wahrzunehmen.

Der Stimmungsumschwung zeigt sich auch in der sprachlichen Gestaltung des Textabschnitts. Aschenbach will nun vor allem zurück ins Hotel und in die Nähe Tadzios. Dieses Streben überträgt sich auf die Schilderung der Bootsfahrt, indem das kleine eilfertige Fahrzeug seinem Ziele zu[schießt]“ (S. 74–75). Dabei hat das Boot „Schaum vor dem Buge“ (S. 74), was an die Redewendung „Schaum vor dem Munde haben“ erinnert und dem Boot das Ansehen eines wilden, ungezügelten Tieres gibt. Dazu bewegt es sich „drollig behend“ (ebd.) zwischen den anderen Booten, was der Gefühlslage Aschenbachs entspricht, der sich nun befreit vom belastenden Abschied aus Venedig weiß.

Im angegebenen Textauszug wird deutlich, dass Venedig nicht nur den äußeren Handlungsort der Novelle abgibt, sondern darüber hinaus die wechselnden inneren Befindlichkeiten Aschenbachs spiegelt. Aschenbach durchlebt in kurzer Abfolge drei unterschiedliche Stimmungen: den Unwillen, länger in Venedig zu bleiben, die Reue über seine Entscheidung sowie die Freude, doch nicht abreisen zu müssen. Dementsprechend nimmt er die Szenerie Venedigs unter wechselnder Stimmungsperspektive wahr: Mal stößt ihn Venedig geradezu körperlich ab, dann nimmt er wehmütig Abschied, um dann seine Erleichterung über das Bleiben in einer dynamischen Bootsfahrt zu erleben. Schluss

Der Blick auf die Prüfung: Themenfelder

Dieses Kapitel dient der unmittelbaren Vorbereitung auf die Prüfung: Schulaufgabe bzw. Klausur oder schriftliche bzw. mündliche Abiturprüfung. Die wichtigsten Themenfelder werden in einer übersichtlichen grafischen Form dargeboten. Außerdem verweist eine kommentierte Liste mit Internetadressen (S. 106 f.) auf mögliche Quellen für Zusatzinformationen im Netz.

Die schematischen Übersichten können dazu genutzt werden,

- die wesentlichen Deutungsaspekte der Novelle kurz vor der Prüfungssituation im Überblick zu wiederholen,
- die Kerngedanken der Novelle noch einmal selbstständig zu durchdenken und
- mögliche Verständnislücken nachzuarbeiten.

Zum Verständnis der Schemata ist die Kenntnis der vorangegangenen Kapitel unerlässlich. Die Übersicht III (Vergleichsmöglichkeiten mit anderen literarischen Werken) soll als Anregung dienen, um den eigenen Lektürekanon auf möglicherweise interessante Vergleichspunkte hin abzuklopfen.

Übersicht I: Der dramatische Aufbau der Novelle

1. Kapitel
Exposition/Einleitung
Aschenbachs Drang zum Aufbruch

2. Kapitel
steigende Handlung/
erregendes Moment
innere Konflikte der Figur

3. Kapitel: Höhepunkt/Wendepunkt
Schicksalhafte Begegnung mit Tadzio

4. Kapitel
fallende Handlung/
retardierendes Moment
Versuch des Liebesgeständnisses

5. Kapitel
Katastrophe/Auflösung
Tod der Hauptfigur

Übersicht II: Kennzeichen der Novelle

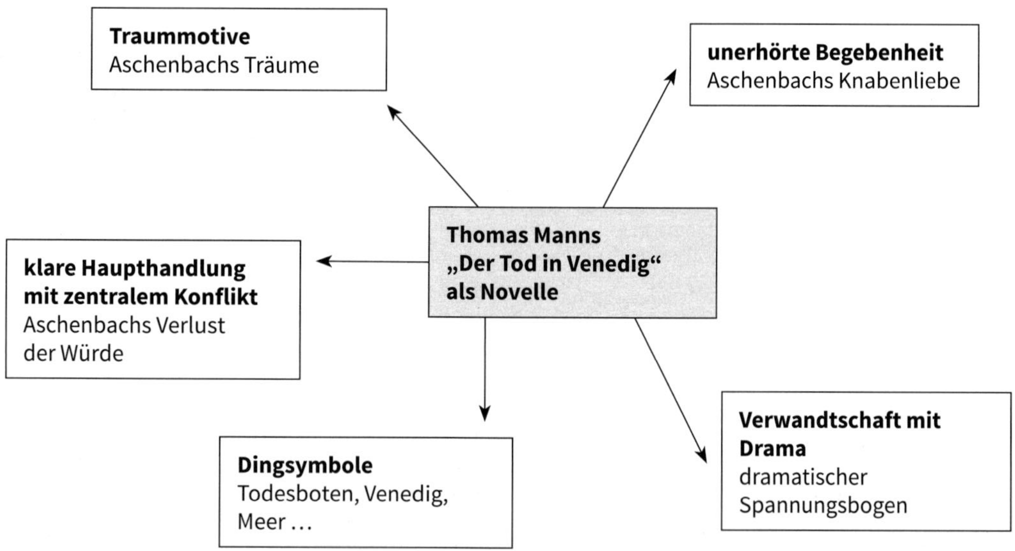

Übersicht III: Vergleichsmöglichkeiten mit anderen literarischen Werken

Thomas Mann: „Der Tod in Venedig“

Figurenvergleiche, z. B.
Vergleich Gustav Aschenbachs mit

- Homo faber in Max Frischs „Homo faber“
- Adrian Leverkühn in Thomas Manns „Doktor Faustus“
- Harry Haller in Hermann Hesses „Steppenwolf“
- Urs Blank in Martin Suters „Die dunkle Seite des Mondes“

Vergleich des Novellenkonzepts

- Theodor Storm: Der Schimmelreiter
- Gerhard Hauptmann: Bahnwärter Thiel
- Uwe Timm: Die Entdeckung der Currywurst
- Patrick Roth: Riverside. Christusnovelle

Motivvergleiche, z. B.

Künstlermotiv
- Gottfried Keller: Der grüne Heinrich
- Hermann Hesse: Klingsors letzter Sommer

Reisemotiv
- Joseph von Eichendorff: Aus dem Leben eines Taugenichts

Todesmotiv
- Hugo von Hofmannsthal: Jedermann
- Wolfgang Borchert: Draußen vor der Tür

Internetadressen

Unter diesen Adressen kann man sich zusätzlich informieren:

www.thomasmann.de/thomasmann/home
(materialreiche und informative Autorenseite des Fischer Verlags)

www.buddenbrookhaus.de
(Internetpräsenz des Thomas-und-Heinrich-Mann-Zentrums in Lübeck)

www.lehrer.uni-karlsruhe.de/~za874/homepage/mannth.htm
(Daten zu Biografie und Werk Thomas Manns)

http://bildungsserver.hamburg.de/der-tod-in-venedig/
(kommentierte Linksammlung des Hamburger Bildungsservers)

www.thomas-mann-figurenlexikon.de
(Figurenlexikon zu den Werken Thomas Manns)

www.deutschlandfunkkultur.de/mit-subtiler-nuechternheit.950.de.html?dram:article_id=134287
(Radiorezension der Hörbuchfassung mit Gerd Wameling)

www.arte.tv/de/film/Luchino_20Visconti/406310,CmC=490184.html
(Informationen zur Verfilmung von Visconti)

(Stand: 08.06.2018)

Literatur

Textausgabe

Thomas Mann: Der Tod in Venedig, Frankfurt a. Main ^{18}2005

Dazu:

Bahr, Ehrhard: Thomas Mann, Der Tod in Venedig. Erläuterungen und Dokumente, erweit. Auflage Stuttgart 2005

Gesamtausgabe der Werke Thomas Manns: Thomas Mann: Gesammelte Werke in dreizehn Bänden, Frankfurt a. Main ^{2}1974 (= Frankfurter Ausgabe)

Hörbuch

Gerd Wameling liest Thomas Mann: Der Tod in Venedig. Ungekürzte Lesung auf 3 CDs. Argon Verlag Berlin 2006

Film

Der Tod in Venedig. Originaltitel: Death in Venice/Morte a Venezia, Italien 1970. Regie: Luchino Visconti

Sekundärliteratur

Baron, Frank/Sautermeister, Gert (Hrsg.): Thomas Mann: Der Tod in Venedig. Wirklichkeit, Dichtung, Mythos, Lübeck 2003

Harprecht, Klaus: Thomas Mann. Eine Biographie, 2 Bde., Reinbek 1996

Karthaus, Ulrich: Thomas Mann, Stuttgart 1994

Koopmann, Helmut: Ein grandioser Untergang: Thomas Mann „Der Tod in Venedig“, in: Freund, Winfried (Hrsg.): Deutsche Novellen, München 1993, S. 221 – 235

Koopmann, Helmut (Hrsg): Thomas-Mann-Handbuch, Frankfurt a. Main ^{3}2001

Kurzke, Hermann: Thomas Mann. Epoche – Werk – Wirkung, München ^{2}1991

Kurzke, Hermann: Thomas Mann. Das Leben als Kunstwerk. Eine Biographie, München 1999

Mann, Katia: Meine ungeschriebenen Memoiren, Frankfurt am Main 1974
Schröter, Klaus: Thomas Mann, Reinbek ^{3}2005
Wisskirchen, Hans: Die Familie Mann, Reinbek 1999